河村孝照 編訳

現代語訳

日蓮聖人の宗旨

国書刊行会

はじめに

本書は、井村日咸著『日蓮聖人の宗旨』（本教寺発行、大正十三年七月刊）を下敷きにして、「日蓮聖人の宗旨」「本門の本尊」「本門の題目」「本門の戒壇」を中心に全二十話にまとめ、各話に見出し項目をつけるなど現代風にアレンジしたもので、内容は全く同じである。

信仰の根本は継承にある。ただ表現方法に時間のズレが出てくるから、それを調整して時代にマッチするよう工夫しなければならない。

本書では、原著の旧漢字・旧仮名遣いを新漢字・新仮名遣いに改めた。また、「仏陀」など井村大僧正のふられたルビを踏襲し、一部の難字には、現代の読者の理解を補足するため、語注・語釈を加えた。特に井村大僧正は本文中で「仏陀」

「仏（ほとけ）」「仏陀（ぶっだ）」のルビを明確に区別しておられる。本書では井村大僧正の意図を受け継ぎ、「仏陀（ほとけ）」「仏（ほとけ）」「仏陀（ぶっだ）」のルビを原著通り、忠実に付した。

なお、出典は、法華経は『縮刷法華経』（平楽寺版『縮刷妙法華経並開結』）、日蓮聖人御遺文は『昭和定本』（『昭和定本　日蓮聖人遺文』総本山身延久遠寺発行）とした。

太平洋戦争の戦時下、昭和十五（一九四〇）年四月一日に施行された軍部主導の宗教団体法によって、日本仏教の各宗派は大同団結することになった。昭和十六（一九四一）年三月に、日蓮宗を中心に三派（日蓮宗・顕本法華宗・本門宗）が合同し、新たな宗教法人「日蓮宗」となった。

井村日咸猊下はまず昭和十七（一九四二）年九月に立正大学学長に就任し、続いて同十九（一九四四）年九月に「日蓮宗管長」になられた。

私は、三派合同一年後の昭和十七（一九四二）年四月、愛知県立豊橋中学校を卒業

して、身延山専門学校に入学した。身延山では聖戦完遂のために「国祷会」がたびたび行われた。管長以下各本山の貫首が輪番で出仕した。私どもは学生であるから、法要出仕や下働きでてんてこ舞いであった。井村猊下の威風堂々、他を圧する勢いは今も瞼の奥に残る。

私は、身延山では法要とお茶汲みであるから、井村猊下とお言葉を交わすことはなかったが、当時、私の先代の手紙を持って、あちこちに行かされた。郵便で出せばよいものを、わざわざ旅費をかけて私を使いに出したのは、恐らく、この小僧を跡目にしたいと考えてのことであろう。

昭和十九（一九四四）年の夏、お盆も済んだとき、

「これを持って、松本日公上人、井村日咸上人、山根日東上人に、ご挨拶に行ってこい」

と、各上人宛の分厚い手紙を渡された。このとき、私は一ヵ月後の九月三十日に身

延山専門学校を繰り上げ卒業し、土浦海軍航空隊に入ることに決まっていた。当時の誰もがしていた「日の丸の旗への寄せ書き」を、私もそのときにお願いした。

身延山の法主日円上人は日の丸の上部に横書きで「祈武運長久」と書いて下さり、井村猊下は日の丸の右側に縦に「我れ日本の柱とならん」と書いて下さり、松本上人は「法華経云飛行自在」と書いて下さった。惜しいことに敗戦を知ったとき、他の機密文書と共に燃した。累の及ぶことを恐れたからだった。

井村日咸猊下は昭和二十一（一九四六）年に遷化された。われわれは迷える小羊同様、右往左往するだけで、まとまりはなかった。

幸いにも、中川日史猊下が独立して妙満寺に復帰され、品川妙国寺も健在であった。中川猊下が、

「君が本を出すときは、必ず私が序文を書く」

と言って下さった謦咳が耳底に残り、あるとき、上梓予定の原稿を携えて品川妙国

寺を訪ねた。すでに桑村信賢師であった。

私が顕本法華宗に戻ったときは九十歳に垂（なんなん）としていた。それでも、戻ることができただけでも、幸せである。私の残る時間はいくらもないが、これでゆっくり休みたい。猊下よ、わが心中を哀れみ給え。

南無妙法蓮華経

平成二十九年五月

顕本法華宗総本山妙満寺加歴三〇六世貫首・大僧正・文学博士　**河村孝照（日斌）**

目次

第１話　日蓮聖人の宗旨

日蓮聖人の御宗旨は法華経ばかりで、他のお経は混じらない

日蓮主義を信ずる人に対して、

「あなたの宗旨は？」

と、試みにその宗旨を質問するならば、たいていの人は、

「私は法華です」

と答える。同じ法華経に依って立っている宗旨でも、天台宗の人は、

「私は天台です」

と答えて、「法華です」とは言わない。これはどういうわけかというと、天台宗の方は法華経を信じるようではあるが、「朝題目に、夕念仏」で法華経とチャンポンにやったり、時には真言の真似をしたりするから、法華とも、念仏とも、真言とも言えないのである。仕方なく、

「天台です」

と答えるよりほかはない。これに対し、日蓮聖人の御宗旨は法華経ばかりによって立てられ、他のお経は少しも混じらない。どこまでも旗幟鮮明であるから、

「私は法華です」

と答えられるのである。

法華宗の御開山はお釈迦さま

ところで、法華経を宗旨としたのは、

「日蓮聖人に始まったのではなく、仏教の教主のお釈迦さまが法華宗の御開山である」

と言うと、

「釈尊は、仏教各宗の御開山である」

と申す人があるだろう。けれども、釈尊は各宗の御開山ではない。各宗の所依（よりどころ）としているお経は説かれたが、「この経を宗旨とする」とはお説きになっていない。

そもそも、宗旨ということの意味合いは、主也、尊也、独尊の義也と言って、一番主要なもので、尊き勝（すぐ）れたものを言うのである。釈尊はご自分のお説きになったお経文のすべてを、「一番勝（すぐ）れた尊いお経である」とはお説きになっていない。法華経だけが自分の説いたお経のなかで、一番勝れたお経である、と法華経の法師品で説かれた。

薬王よ、今、汝に告ぐ「わが説ける所の諸の経あり。しかも、この経の中にお

いて法華は最も第一なり」と。(『縮刷法華経』二五〇頁)

我が説く所の経典は、無量千万億にして、已に説けると、今説くと、当に説く

とあり。しかも、その中において、この法華経は、最も信じ難く、解り難きな

り。(『縮刷法華経』二五〇〜二五一頁)

この経文の中に、「已に説けると、今説くと、当に説く」とあるのは、釈尊一代のあらゆる経典のことであり、これらの経典と比較して、「法華は最も第一なり」と説き、最も第一なるがゆえに、「最もこれ信じ難く、解り難きなり」とお説きになったのである。ここをもって、伝教大師最澄は法華秀句の中で、

まさに知るべし。この法華経は諸経の中にもっともこれ第一なり。釈迦世尊宗を立つるの言、法華を極となす。金句の校量なり、深く信受すべし。

と述べているが、この文を日蓮聖人が秀句十勝抄の中に全文を引用されている。その文中に、

　釈迦（世尊）宗を立つる……法華を極となす。（『昭和定本』二三六四頁）

とあるのは、「法華宗は釈尊の宗旨である」という意味である。ゆえに、「法華宗は仏立宗である」とも言うのである。これに比べて他の宗旨は、論師（ろんし）や人師（にんし）の立てた宗旨であって、法華宗だけが「仏の立てられた宗旨」なのである。

　このように法華経は釈尊が立てられた宗旨として、一代の仏教は法華経の教理に開顕（かいけん）統一されて、一法華宗となって一切衆生を救うべきはずである。

法華経は「迹門」と「本門」の二大部

　釈尊の滅後に法華経を研究し、信仰した人はたくさんいたが、法華経を良く理解し、開顕統一の理想を実現しようと努力した人ははなはだ少なかった。中国においては天台大師智顗（ちぎ）、日本においては伝教大師最澄、このお二人が法華経の理想を理解して、仏教統一の大義を宣伝されただけであった。法華秀句に、天台大師は釈迦に信順して、法華経を助けて震旦（中国）に敷揚し、叡山の一家は天台に相承して、法華宗を助けて、日本に弘通す。

と言われ、日蓮聖人は秀句十勝抄（『昭和定本』二三七九頁）に引用されている。天台と伝教のお二人は法華経を宗旨として、法華経によって仏教を統一せんとされたが、不幸にしてその末弟たちが不肖なので、目的を達成できずに、現今のような鵺的（どっちつかず）な宗旨となり、

「私の宗旨は法華です」

と言えないようなことになっている。

天台と伝教のお二人は釈尊の設化の元意を良く理解して、法華経を宣伝されたのではあるが、その法華経は「迹門」と「本門」との二大部に分かれていて、その説くところがいささか趣を異にしている。

迹門は、諸法実相の妙理を説いて、十界皆成の旨を明かし、一切衆生が皆、仏性

を具有するがゆえに、二乗（声聞乗、縁覚乗）も成仏し、女人も成仏。悪人の提婆も愚痴の竜女も得脱した実例を挙げて、われわれ迷妄の衆生のために大いに気を吐いたのである。本門は、仏陀の解脱について、その根源を論じ、応用の無窮を明かして、本師世尊の大慈悲の深く重いことを説いた。

そこで、迹門を主として法華経を見ると、

「法華経全部が、われら衆生の仏性の開発を説いたもの」

となり、本門を主として見ると、

「法華経全体が、仏陀の無窮の応化を説いたもの」

となる。ゆえに、その主とする所によって教義上の違いが生じてくる。

迹門を表とした法華経と、本門を表とした法華経

天台大師や伝教大師の教義は「迹門を表とし、本門を裏として、法華経を見てきた」といえる。そのために、われら凡夫のために大いに気を吐いて、一念三千の観法を修行させ、本具（本来備わっている）仏性を開発させようと試みた。しかしこの修行の仕方は、天台大師の時代のような、人智も敦厚（親切で人情のある）に、生活に余裕のあるときはよろしいが、現今のような邪智の者や、生活に忙しい時代には効果を発揮しない。

日蓮聖人は、

「天台の教義は、去歴昨食である」

と批評された。去年の暦は今年の役には立たないし、昨日のご馳走は今日の空腹を満たせないとして、時代によって適不適のあることを仰せられた。さらに、

「天台・伝教の宣伝した法華経は、像法時代に適応する判釈で、仏滅後一千年より二千年に至る間はそれでよい。今の末法のとき、仏滅後二千一年よりは役に立たなくなる。末法の時は、本門を主とする教義でなければならず、これでなければ、

末法の人々を救うことはできない」

「同じ法華経でも、本門を表とした法華経を広めねばならぬ。末法の人は罪障が深く、智識は浅薄だ。そんなときに、自分の力で仏の証悟を得ようとしても駄目である。このような時には仏陀の大慈悲を信頼し、救済を求める教えでなければならない。この場合には本門を表とした法華経が必要だ。この法華経でなければ、末法の衆生は救われないのだ」

として、日蓮聖人は法華経の宣揚にご努力下された次第である。


日蓮聖人は本門の教義を「三大秘法」と示された

このような次第で、日蓮聖人のご宗旨は法華経を宗旨とされているのであるから、「法華宗」である。しかし、その法華経のなかでも「本門」を主としておられるから、「本門法華宗」である。天台大師や伝教大師は「迹門」を主としているから「迹門法華宗」である。現今の日蓮門下の各教団が、「顕本法華宗」「本門法華宗」「本門宗」「本妙法華宗」などの宗号を称しているのは、以上の意味に由来している。

この本門法華の教義は、釈尊滅後二千二百余年に日蓮聖人がご出現されるまで、何人もこれを宣伝しないで来た。釈尊は法華経本門の教えをわれらがために説き遺（のこ）しておかれたが、この法を宣伝すべき時期が到来しなかったがゆえに、龍樹（りゅうじゅ）、天親（てんじん）、天台、伝教等が知っても説き出すことができなかったのである。今、末法に入って、説くべき時期が到来したので日蓮聖人によって宣伝された。

日蓮聖人はこの本門の教義を「三大秘法」として、われわれにお示しくだされた。

法華取要抄にいわく、

問うて曰く、如来滅後二千余年に龍樹、天親、天台、伝教の残し給へるところの秘法とは何物ぞや。

答えて曰く、本門の本尊と戒壇と題目の五字也。（『昭和定本』八一五頁）

と記されている。

法華経本門の教義をこの「三大秘法」に結束してお示しになったのが、日蓮聖人の宗旨である。日蓮聖人のご門下は幾つかに分かれてはいるけれども、「三大秘法」を宗旨とすることについては、いずれの教団も異義のあるべき筋合いではない。

枝葉末節において違いはあっても、その根本教義において「三大秘法」を宗旨とすることは各教団とも一致している。この点から言うと、今日、各教団の分立している根本原因は消滅しているので、現在の各教団の分立は意義のないものと申して良い。教義を解釈する上から分立したものとすれば、それは学派であって、宗派として特に宗号を名乗る必要はないことである。

これから日蓮聖人のご宗旨、本門三大秘法について、ご理解のできるよう、申しあげてみようと思う。それについては、まず、仏教がどうしてこの世に顕れてきたものであるか、ということから、お話をしなければならない。

第2話　仏陀設化の元意

仏教信仰の源泉の無理解が問題

現代のわれわれの知り得る範囲において、また、歴史上証明し得る限りにおいて、現在の仏教の起原を尋ねれば、中インド迦毘羅衛国(かびらえこく)の浄飯王(じょうぼんのう)の王子、悉達太子(しったたいし)の出家成道し給いしことに、その端を発したことは、誰人(たれびと)も否定できない事実である。仏説には過去に七仏があったことを説いているが、その遺教(いきょう)は現代に伝わっておらないから、今の釈尊の出世を唯一の基準とするほかはないのである。そこでこの悉達太子の出家成道は、ただ偶然の出来事として軽々(けいけい)に看過(かんか)するには、あまりにその影響が大きすぎるように感じられる。

仏陀（ほとけ）が涅槃に入り給うてより、ここに三千年。慧光照らすこと無量にして人界（にんかい）に周遍し、その慈光に浴するもの幾億におよび、遠く末世にその法益（ほうやく）を垂れ給う事実は、仏陀教化（ぶつだきょうけ）の威力のいかに大、かつ強きものなるかを偲ばせることであろう。この偉大なる感化力は、その源泉をいずれに発しておるかということを、充分に意識することが、仏教入門の最初の要件でなければならない。

現今の仏教がその信仰の中心を逸して、統帰（とうき）する所を失い、四分五裂の状態を呈していることは、全く仏教信仰の源泉を理解しないことによる。

仏陀設化の元意と、仏教が世に顕れた発端

仏陀設化（ぶつだせっけ）の元意はこれを仏陀（ほとけ）の自説に求むれば、最も明瞭に示されている。

法華経方便品に説いて曰く、

我れ仏眼をもって観じて、六道の衆生を見るに貧窮にして福慧なし。生死の険道に入って相続して苦しみ断えず。深く五欲に著すること犛牛の尾を愛するが如し。貪愛をもって自ら蔽い、盲瞑にして見るところなし。大勢の仏および断苦の法を求めず。深く諸の邪見に入って苦をもって苦を捨てんと欲す。この衆生のための故に、しかも大悲心を起しき。（『縮刷法華経』九八頁）

と、宇宙広しといえども、これを大分割すると「迷」と「悟」との二つに分かれる。細かく分ければ十界ともいい、三千の諸法ともいうけれども、それは迷と悟の中を、さらに分類したにすぎない。天台大師は『法華玄義』に妙法の何者なるかを示して、

宇宙
- 悟……果……仏法
- 迷……因
  - 他……衆生法
  - 自……心法

衆生法、仏法、心法、この三法妙なるがゆえに妙法というと解釈された。この三法の関係を図示すると、右頁の図のようになる。

宇宙の全体が妙法の体であり、それが迷と悟、因と果の二つに大別される。「迷」の中に自分と他人とを分かつが、これは自心を観念する修行の上から分けたので、迷者であることにおいては同様である。この世の中を迷者と悟者の二つに分けたところに、問題は起こってくるのである。世の中が迷者ばかりであるならば、誰も、

「救おう、助けてやろう」

などという考えは起こさぬ。また、

「救ってもらおう」

という考えも起きない。また、悟れる者ばかりであるならば、救うべき相手がないから、可哀想だという心も起きなければ、

「どうして助けてやろうか」

と考える必要もないことになるから、何らの問題もない。しかしながら宇宙の実相は、迷者と悟者とが対立しているのが事実である。迷者と悟者とが対立しているところに、

「救おう、救われよう」

という問題が生じてくる。悟れる者から迷えるものを見れば、

「ああ、可哀想だ、気の毒だ。どうかして救ってやりたい。苦悩を除いてやりたい」

という考えが起こる。迷える側からは、

「アア、苦しい、どうかして助けて下さい」

という願望となって救済を求める。この救ってやろうという考えと、救われたいという考えとが結びついて、

「それでは救けてやろう」

「どうぞ、お願いします」

ということになる。

ここに引証した方便品の御文は、悟者たる仏陀が、われら六道の衆生の苦悩の状態を観見して、その御心の中に起こった感想を述べられたのである。この感想が仏陀の御心の中に起こったのが、仏教がわれらの世に顕れた発端である。

仏陀の御眼に映じたわれら衆生の状態は、ただいたずらに五欲の奴隷となって、何ら向上の途を求めず、煩悶懊悩するもついに解脱することを得ず、苦悩より苦悩を追ってしばらくも止むことがないのがわれわれの生活である。

そのありさまを知ろし召して、いかにしてか、これらの衆生を救わんかと大慈悲心を起こされた。この大慈悲心が如来活動の大源泉である。

日蓮聖人は本仏釈尊の大忠臣

さて、この大慈悲の御心は、今度この世界に御出現遊ばされたとき、始めて起こったのであるかと申すと、なかなかそんな簡単なことではない。仏陀の大慈大悲の大御心は無始以来、われら衆生の上にそそがれている。法華経の寿量品はまさしく如来の大慈悲の甚大なるをお説きになった御品である。寿量品には仏陀の成道は無始なることを説き、大慈大悲の大御心は遠くその源泉を久遠に発していることをお説きになっておる。寿量品に、

我れ実に成仏してより已来、久遠なることかくの如し。ただ方便をもって衆生を教化して仏道に入らしめんとして是くの如き説をなす。（『縮刷法華経』三三三頁）

諸の衆生、種々の性、種々の欲、種々の行、種々の憶想、分別あるをもっての故に、諸の善根を生ぜしめんと欲して、若干の因縁、譬諭、言辞をもって種々に法を説く。所作の仏事、未だかつて暫くも廃せず。（『縮刷法華経』三三四頁）

毎に自らこの念をなす。何をもってか衆生をして無上道に入り、速やかに仏身を成就することを得せしめんと。（『縮刷法華経』三四一頁）

とお説きになっている。これらの御文を拝読すると、仏陀の大慈大悲の御心は、無始久遠劫来、我ら衆生の上に専注され、いかにしてこれを導き救済せんかとのご苦労があって、一時片時もお見捨てになることはない。

「所作仏事未曾暫廃」といい、「毎自作是念」というお経文を拝誦して、仏陀久遠の大慈に感孚（まごころに感じること。まごころが通じ合うこと）せざるものあれば、これ人にして人にあらず。大智度論に「恩を知らざるものは畜生よりはなはだし」とあるが、寿量品を拝読して世尊の大恩ましますことを見聞しながら、その恩に感孚せざるものは畜生よりはなはだしきものと言わねばならない。

　このように釈迦牟尼世尊の「毎自作是念」の大慈悲の大御心が源泉となって、世々番々の現身説法の形・声の二益が顕れた。今日の伽耶王宮にご降誕されたのは、この世々番々の大化導の中の一番である。我らが本師釈尊は常に娑婆世界を化境とし、その活動の中心地点とされた。

法華経譬喩品に、

今この三界は皆是我有なり。その中の衆生は悉く是れ吾子なり。しかも今この所は諸の患難多し。唯だ我れ一人のみ能く救護をなす（『縮刷法華経』一三四頁）

と説き、寿量品には、

我れもまたこれ世の父。諸の苦患を救うものなり。（『縮刷法華経』三四一頁）

我れ常にこの娑婆世界に在って、説法教化す。（『縮刷法華経』三三二頁）

と説いて、我ら娑婆世界の衆生は釈迦牟尼仏をその救済主と仰ぎ、釈迦牟尼仏によって救われねばならない。我が娑婆世界に仏法の顕れたのは、まさしく釈迦牟尼仏の大慈悲心にその源泉を発しておるものであることを、よく理解せねば仏教信仰の正路を歩むことはできない。

日蓮聖人畢生の主張は、娑婆世界の一切衆生をして本仏釈迦牟尼仏の大慈大悲に感孚せしめ、一切の仏教徒をして釈迦世尊の御前に叩頭拝跪せしめんと努力されたのにほかならない。

仏教徒の中には、知慧は釈迦、慈悲は弥陀などと言って、釈尊を捨てさせようとするものがあるが、お釈迦さまは三徳有縁のお方であり、阿弥陀仏は何ら娑婆世界の我らにはご苦労はないお方である。お慈悲の深い釈尊を捨てて、無縁の弥陀を信ずる輩がたくさんいるところから、四箇格言の大折伏となったのである。ゆえに日蓮聖人は本仏釈尊の大忠臣と申さねばならない。

このような訳合い（理由。意味。すじみち）であるから、仏教殊に日蓮聖人の宗旨を会得するには、仏教信仰の源泉、すなわち仏陀のお思し召しを充分に理解せねば、日蓮聖人の宗旨の輪郭すら知ることはできないのである。

第3話　仏教教観の大綱

歴史上の仏陀示現の深い理由

仏陀の大慈悲心はいかにして、これら苦悩の衆生を済度しようかと、救済の方法について思惟された。娑婆世界の衆生は耳根聡利にして聞法得道の衆生であれば、これを化度せんがためには、まずこれら衆生の前にその姿を示さなければならない。姿を示した上で、道を説いて衆生を導かねばならない。これを仏陀の現身説法の形・声の二益という。

仏陀の内証自在神力の活動から言うならば、わざわざ人間の腹に宿ったり、出家成道などという面倒なことはしないでも、必要があればどこへでも、何時でも、姿を現すことはできるわけであるが、それでは人間が承知をしない。どこから出てきたか分からぬようなことでは、化物扱いをされてしまって、せっかくの骨折りが何にもならない。そこで仏は和光同塵（仏・菩薩が本来の知徳の光を隠し、煩悩の塵にまみれながら衆生を救うこと）して、姿を凡界に下し、普通の人間として、この世界に示現された。今日歴史上に伝えられている仏陀はすなわちこれである。

浄飯王の太子悉多として降誕。十九歳にして出家し、三十歳にして菩提樹下に最正覚を成ぜられた。

二身の示現と二鼓の宣揚

これが仏陀の形益であるが、仏がその形をお示しになる場合は、ただ一通りのお姿ばかりではない。二身の示現といって、優しいお姿の場合と、恐ろしいお姿の時がある。

優しい方は如意珠身で、玲瓏玉のごとき円満なお姿である。この姿は可愛生善というから、このお姿を拝めば自然に善根功徳を積まねばならぬような心持ちになってくるのである。

恐ろしい方のお姿は薬樹王身といって、薬が病気を癒すがごとく、一見恐怖を感じて立ちすくむようなお姿である。この姿は可畏破悪というから、悪いことをしたものを叱りつけて、再び悪いことをせぬようにする方の姿で、閻魔大王や不動明王のお姿はこちらの姿である。

地蔵菩薩やお釈迦さまのお姿は如意珠身である。お釈迦さまのご一身にこの両面の作用が顕われている。

形が二つあるように、その説法にも二つがある。一を天鼓といい、一を毒鼓という。天鼓というのは軟語で優しいお言葉である。奨励するような言葉で、善根を生じさせるようにご説法をして下される方であり、毒鼓というのは麁語で、あらあらしい言葉、すなわちお叱りを受ける方である。この毒鼓は罪悪を打ち破る方のご説法である。

仏陀のご説法には常にこの二面があるのである。仏陀の大慈悲心がその原動力となり、衆生教化の方法として、二身（如意珠身・薬樹王身）の示現と、二鼓（天鼓＝軟語、毒鼓＝麁語）の宣揚となって示された。

この仏の慈悲は仏陀の意輪であり、二身の示現は身輪であり、二鼓の宣揚は口輪の働きである。これを仏陀の三輪の妙化という。この三輪の妙化を指して「教門」と称する。

仏陀の三輪の妙化が一切衆生に向かって発動する場合の全部が教門である。教門は悟れる仏陀より迷えるわれら衆生に向かって発動するのであるから、これは従果向因である。

教門の三大要義――「仏陀」「教法」「僧伽」

さらに考えねばならないことが一つある。仏陀の在世においては衆生が直接仏陀の教法を聴聞し得ることができるが、如来は常住不滅の本体であるけれども、衆生化導の必要によって滅度を示される。そうすると滅後の衆生は仏陀の御音に接することはできない。

そこで仏陀大慈のお思し召しにより、滅後の衆生を愍れみになり、僧伽の制を立てて、仏法を伝持せしめ、仏陀の教法を久住ならしめ、滅後たりとも仏在世におけると同じ化益を与えられた。

諸経の中に付嘱（布教の使命を付与すること）の儀を説いて、滅後の弘経を付嘱されることがあるのは、この意味においてである。そうすると仏滅後の衆生が仏陀の教法を信じうることは、僧伽の手を通して信ずることができるのである。この関係を

図示すると

仏陀→教法→僧伽→衆生

というようになる。仏陀の慈悲によって教法が説き出され、その教法は僧伽の手を通して衆生に与えられることになる。

そこでこの「仏陀」「教法」「僧伽」の三が「教門」における三大要義である。この三問題について適当の信解を得、要領を得ることができれば、教門の大綱を把持することができるのである。

このように仏陀の大慈悲が、われら衆生を救済するために教法が与えられ、僧伽がその教法を宣伝して、迷妄の衆生の自覚を促されると、いかに頑迷にして度しがたき衆生といえども、自身の現在の境遇には満足しておらず、何とかして向上せんと懊悩しつつある場合であり、解脱の道を求めんと煩悶しつつある状況であるから、仏陀の慈教に接したならば、耳を傾けざるを得ない。

一切衆生の発菩提心――仏教入門の第一階梯

仏陀は一切衆生が皆、仏性を具することを示して、仏性を具有しながら苦海に沈淪することは、仏性の存在を忘失したものであることを説き、速やかにその仏性を顕発するために諭示しようとすること切なるがゆえに、我ら衆生が始めてその自己の本性を自覚し、その非を悔いて、仏陀救済の御手に縋らんと志すこと、これを一切衆生の発菩提心という。この発菩提心があって、我らは始めて仏教に入り得るので、これが仏教入門の第一階梯である。

発菩提心は普通には略して発心という。世間でいう立志と同じことで、その目的を菩提に置くから菩提心を発すという。この目的を菩提に置くことが一番大切なことである。

菩提とは仏陀の証悟で、詳しく言えば阿耨多羅三藐三菩提で、翻訳すれば無上道である。我らは無上道を求むべく志を立てねばならない。有上道は我らを絶対に導くことはできない。無上道を求めて絶対の境地に到着すべきを我らの発心の目標に置かねばならない。

言葉を換えて言えば、仏になることが、我らの教えに入る目的であらねばならない。仏陀のお思し召しが我と等しくして、異なることがないようにするのであるから、その教えを承けてその道に入る以上は仏陀と同じ証悟に進むべく、その目的を立てることは当然のことでなければならない。仏陀になること以外の小なる目的のためにする発心は、決して正しきものではない。

この目的を誤るならば、いかに仏法に志しても一切徒労に帰する。ここをもって妙楽大師（湛然。唐代の僧。天台中興の祖。七一一～七八二）は、

「発心僻越すれば万行は徒施ならん」（『摩訶止観輔行伝弘決』巻一之四。『大正蔵』第四六巻一六七頁ａ）

と言っておられる。せっかく仏法に入っても、その出発の際に一歩を誤ると、その結果において千里の差を生ずるのであるから、十分慎重に考察して、自己の進むべき方針を決定しなければならない。

すでに自己の取るべき方針が定まり、目的が確定したならば、目的地に向かって出発しなければならない。いかに方針が定まり、目的が定まっても実行に移らねば、いつまでたってもその目的を達することはできない。この実行に移るのを仏法では修行という。

修行の実践と果実

修行というと大変範囲は広いのであって、発心より菩提を成就してその目的を達するまでの全部が修行と称されるべきである。

たとえば東京駅を出発点とし、下関を目的地点としたならば、その間七〇〇余マイルは目的地に向かって進行する道程である。その道程を修行という。その中間には山あり川あり、市あり町あり、種々の変化、困難も伴うであろうし、慰安もあろうが、目的地に達するまでは、不屈不撓勇往邁進して前進せねばならない。仏法に志すものにして、修行に倦怠ならば到底目的を果たすことはできない。

日蓮聖人は「足なくして千里の途を企てんが如し」と仰せられた。ただ仏法の理屈ばかりを知って実行の伴わざるものは、足の不自由な人の目は良く見えていても、足の歩みのはかどらないようなものである。

「智目行足到清涼池」といって、智慧の眼によって自己の向かうべき方針を知り、修行の足によって実行して清涼池である目的を達成し得るのである。日蓮聖人は諸法実相抄に、

行学の二道を励み候べし、行学たへなば仏法はあるべからず。（『昭和定本』七二九頁）

と仰せられたのは、実行が伴わなければ、仏法あれども詮なきことを仰せられたのである。

いよいよ実行に取りかかったならば、その実践躬行（口で言う通りに、みずから実際に行うこと）の功労に対しては相当の果実を取得することができる。宇宙の原則として原因あれば結果あり、一物として因果の法則に支配されないものはない。しからばすなわち今我らの実行に対して、相当の報酬が与えられなければならない。これを得益という。

以上の発心、修行、得益の三は我ら迷える衆生が、仏陀の救済を受け、その教法に随順して向上してゆくありさまである。これを図示すると、

得益↑修行↑発心↑衆生

というようになる。

我ら迷える衆生が向上の途に上り、実践躬行の結果その目的を達し得るに至る。

この「発心」「修行」「得益」の三を総称して「観門」と称する。これは迷いより悟りに向かって進む方面であるから、従因至果(じゅういんしか)である。この依教立行の方面を概括して観門と言ったのである。

教門と観門の関係

そこで「教門」と「観門」との関係をお話しせねばならない。教門は悟りより迷いに向かって垂(た)れる救済の方面であり、観門は迷いより悟りに向かって進む救済を受ける方面を言ったのであるが、この救済の手はいかにして救われるものと交渉を持つかというと、この二つは絶対に離るべからざる関係を持つものである。これが離れてはどちらも役には立たぬ。藕益大師智旭(ぐうえきだいしちぎょく)（八不道人と号した、明代の天台宗の高僧）の教観綱宗に、

仏祖の要は教観のみ、観は教に非(あら)ざれば正しからず。教は観にあらざれば伝わ

らず。教あって観なきときは則ち罔く、観あって教なきときは則ち殆し。(『大正蔵』第四六巻九三六頁c)

と言われた。

もし仏教が、仏陀の教のみあって実行する人がなければ、衆生を化益することができないから、教は観にあらざれば伝わらずである。また教あって観なきときは、貧賤の人が他人の宝を数えても、半銭の益なきが如くであるから、すなわち罔しである。また実行する人があっても、その実行は仏陀の教法にもとづいて実行しなかったならば、その実行は正しいというわけにはゆかないから、観は教に非ざれば正しからずと言われた。観あって教なきときは目の悪い人が細い道を歩むがごとくであるゆえに、殆しと言われたのである。

このような訳合い(すじみち、理由)であるから教観の二門は必ず離るべからざるものであって、常に一致していかねばならない。われわれの実行が仏陀の教法に一致して、少しも誤らざるように運ばれていったならば、ついには仏（ほとけ）の証悟（さとり）に到達し得て、最後の目的を成就し得るのである。

仏教の最初は仏陀（ほとけ）の慈悲心に発生し、形声二益（ぎょうしょうにやく）の言教（ごんきょう）となり、それが衆生の発心修行となって実行されて、ついに仏陀（ほとけ）の証悟を開き得るに至って、ここにその終局（おわり）を告げるに至るのである。この終局を告げるに至るまでは、常に教観の二は離るべからざるものでなければならない。仏教には八万四千の法門といって夥（おびただ）しい教えがあるけれども、要するに教観二門の関係にほかならないものであるから、教観綱宗に仏祖の要は教観のみと言われたのである。

以上教観の大綱について申し上げたのであるが、学仏の諸君も幸いにこの大綱を了得し、仏化（ぶつけ）の始終について理解されるように仏教を研鑽されるならば、菴羅果（あんらか）（マンゴーの実）を掌中に得るがごとく、広範なる仏教もその要領を会得することができると信ずる。

第4話　本化別頭の教観

特別に付嘱された法門——本化別頭の教観

日蓮聖人の御宗旨は、聖人独特の教観二門を有しておられる。古来、「本化別頭の教観」と称しておるものである。

日蓮聖人の本地を本化上行菩薩と定めることは、聖人一期の行化と法華経の箴言と符契（割符のこと）を合わすが如くであるところから、聖人自らも本化上行の自覚に立って、法華経の行者をもって任じられている次第であるが、その上行菩薩が法華経神力品において、仏陀より末法弘通のご付嘱を受けられた。多勢の菩薩の中より特別に召し出して付嘱された法門であるがゆえに、別頭の教観というのである。しかし別頭といっても、仏教教観の大綱を逸脱したものではない。本化別頭というから、仏の教えの外に、本化の菩薩の考案された特別秘密の大法でもあるように考えている人もあるようであるが、もしもそんな考えを持った人があるならば、それは大いなる誤謬である。

そういうことになれば、本化の菩薩は仏教徒ではなく、外道の法を伝える人であらねばならぬ。そんな道理のあるべきはずもない。別頭ということは嘱累品の迹化等の菩薩に対する総付嘱ではなく、本化の菩薩への付嘱を別付嘱と称する。その別付嘱を指して別頭というのは、その菩薩たちの中に特別の付嘱があったから、別頭と言ったものである。

そこで本化別頭の教観とは何であるかというと、さきに述べた「三大秘法」、これがすなわち本化別頭の教観である。仏滅度ののち二千二百余年の間、龍樹・天親・

天台・伝教等が弘通してこなかった大秘法であって、今末法の時、本化の再誕日蓮聖人によって弘通されたところの大秘法であり、本化の菩薩以外の人の誰も弘めることのできなかった秘法なので、本化別頭の教観という。

三大秘法の関係

この三大秘法を教門と観門とに分別すると左のごとくである。

教門　……………本門の本尊
観門　……………本門の題目
教観一致　………本門の戒壇

教門の要義は仏宝、法宝、僧宝の三宝である。その三宝の中に本門常住の三宝を勧請したものが本門の本尊である。数多くある仏宝の中に本仏釈迦牟尼仏を、仏宝の中の根本の仏陀、中心の仏陀として、これを帰依の中心とし、数多くある仏陀の教法の中において、開権顕実し開迹顕本して、開顕統一したものは、本法の妙法蓮華経であり、そのほかにはない。

さればこの中に一切の教法を摂収融合して、一妙法に擣簁和合（こねたり、ふるいにかけたりして、まとめること）した教法王であるのである、僧宝の中でも本化の菩薩はその最上首であり、本仏の高弟にして本法所持の人であることを示し、この三宝を一切三宝の中の最勝最尊の三宝として、この中に一切の三宝を統摂していることを示したのが、本門の本尊である。

本門とは根本門である。本尊の中の根本の本尊であることを示したのが本門の本尊である。それゆえに教門の全体を本門の本尊としてお示し下されたのである。

次に観門の要義は発心、修行、得益の三であるが、この三は要するに修行の始・中・終である。修行の始めが発心で、その中途が修行で、その終わりが得益である。

日蓮聖人の教義においては、本門の本尊に対する信仰、この信仰の始・中・終が、すなわち本化別頭の観門で、この信仰を一言の妙法に結束して「本門の題目」というのである。

このように結束したところはただ一言の「南無妙法蓮華経」という言葉であるから、はなはだ簡単であるけれども、その内容に含蓄されている意味合いは非常に広く且つ深いものである。今身より仏身に至るまでの実行部面の全体をただ一言で言い顕したものが、本門の題目という訳である。

本門の本尊である仏陀の慈悲と、本門の題目である吾人の信仰とが結び付いたところが本門の戒壇である。「今身より仏身に至るまで、よく持ち奉る南無妙法蓮華経」と、その信仰の維持を誓願するのが本門の戒法であり、その誓願を立てる場所が戒壇場である。

日蓮聖人は当体義鈔で、

日蓮が一門は正直に権教の邪法邪師の邪義を捨てて、正直に正法正師の正義を信ずるが故に、当体蓮華を証得して常寂光の当体の妙理を顕すことは、本門寿量の教主の金言を信じて、南無妙法蓮華経と唱ふるが故也。（『昭和定本』七六七頁）

と仰せられた。この御文は三大秘法を簡明にお顕しになった御文である。

本門寿量の教主とは本尊の中の仏宝である。金言とは仏陀の教法で法宝である。正法正師とは本化の僧宝である。この三宝がすなわち本門の本尊である。

南無妙法蓮華経と唱えるとは本門の題目で、われわれの信仰を南無妙法蓮華経の一言で言い顕したものである。権教の邪法邪師の邪義を捨てて正法正師の正義を信ずるといい、本門寿量教主の金言を信ずるというのは、われわれの信仰が仏の教法に一致し、正師の指導に随順することで、すなわち本門の戒壇を言ったもので、言葉は簡単であるが三大秘法の関係を明瞭にお示しになっている。

第5話　本経の依拠

日蓮聖人の教義は釈尊の金口（こんく）に依拠

日蓮聖人の教義が本仏世尊の経説のいずれに準拠されているものであるか、ということを申し上げようと思う。

およそ仏教徒としてはいかなる場合でも、その論議するところは仏陀（ほとけ）の説き給うところに依拠しておらねばならない。これは仏教徒の通格である。もし、仏教徒にして仏陀（ほとけ）の所説に違（たが）う議論をするならば、それは仏教徒ではなく異教徒である。仏陀（ほとけ）の教えを信じ、これを祖述し、弘通（ぐづう）するがゆえに仏教徒であるから、もしも仏教徒にして仏陀の所説に違うものがあるならば、城者にして城を破るものとして軍門の血祭りとすべきものである。

日蓮聖人は本仏釈尊に対して最も忠実な教徒の一人である。末代の教法が紛乱した時に生誕し、邪正を糾明し、曲直をただすべき大使命を有するところの、本化の上行菩薩の自覚に立ち給えるものである。仏教徒の名をかぶりながら仏教を破壊する不逞の徒に対して、法戦を宣言した大法将である。ゆえに聖人の教義は徹頭徹尾、釈尊の金口に依拠しているものである。

しかるに現代の日蓮教徒のあるものは、日蓮聖人を尊信するあまり、ことさらに貴からしめんとの愚案から、たまたま遺文中に、

「教主釈尊よりも大事の日蓮」

などという一語があるのを引用して、その所論の仔細を研究せず、日蓮聖人は教主釈尊よりも貴しとの主張をするものがあるが、かくのごときは畢竟贔屓の引き倒

しにすぎないものである。（教主釈尊に）忠実なる聖人を逆路の人とするもので、聖人に対する大不孝と言わねばならない。大いに心して考えねばならないことと思う。

「因明論」の三つの証明法と、日什正師の経巻相承

インドの論理学（あるいは東洋論理学）である因明論には、すべての証明法として三種あることを明かして、その三量の一に該当しなければ、論理上、人をして肯定せしむる価値のない議論である、と申している。三量とは次の三種である。

現量………現在の事実にもとづいて証明するもの
比量………推理上かくあるべしと断定されるべきもの
聖教量…先哲の聖教にもとづいて証明するもの

この三量のうち「比量」と「現量」の二は、人智の範囲において首肯することのできる程度のものであるが、聖教量に至っては必ずしも人智のおよぶところとは言

第５話　本経の依拠

えないことがある。そうすると、その先哲の教えを信ずるもの同志の間には有効であるが、信じないものには効力がない。釈尊の金言は仏教徒には力があるが、キリスト教徒にはおよばない。キリストの言葉は仏教徒には何の証明とならない。それゆえに聖教量はその教えを信奉するものの間に限って、効力あるものとなるわけである。

いま仏教徒としては、現量・比量は申すまでもないことであるが、聖教量として仏の所説の一切経をその依拠とするのである。一切経の中に小・大・権・実や本・迹の区別があるから、その区別を明確にしてその依拠を定めねばならない。

日蓮主義者が仏説を軽んずる風潮があるのは古来からの弊風と見えて、顕本法華宗の開祖日什正師（一三一四〜一三九二）は経巻相承をもって一宗分派の理由としておられるが、日什正師は御年六十七歳にして、天台宗より日蓮主義に帰伏された、真の求道者である。

当時日蓮門下の各本山を訪問されたが、各自互いに付弟嫡弟の系統争いばかりをしていて、肝心の教義はそっちのけの状態であった。それが日蓮聖人の滅後約一〇〇年である。そこで日什正師はやむなく、法華経と日蓮聖人の遺文とを師匠と仰いで、日蓮聖人の直弟となると仰せられた。この経巻相承の大義は爾来五〇〇年間その光輝のために、教義の紛乱を防いだことは多大の法勲である。現代においてなまかじりの日蓮主義者が簇出の時、ますます必要の主張と信ずる。

無量義経十功徳品の「来至住」の三義

いよいよ本論に立ち戻り、聖人の教義の依拠を本経に求めてお話をする。

聖人の教義は法華経全部、すなわち開結合わせて十巻がその依拠であると申して宣いのである。しかし、それでは広すぎて分かりにくいので、いま一、二の要文を挙げてその大要をお話する。

第一には、無量義経十功徳品の来至住の三義の文である。その全文は左記のごとくである。

善男子。（一）この経はもと、諸仏の室宅の中より来たり。（二）去って一切衆生の発菩提心に至り。（三）諸ろの菩薩の所行のところに住す。（『縮刷法華経』二九頁）

この文の中の室宅とは法華経法師品の中に「大慈悲を室となす」という文があり、来至住の第一段の「来」は、この経の根本が諸仏の大慈悲心より発作したものであることを明かしたもので、本書の第３話に申した教門に当たる。

その大慈悲は何に向かって発作されるかと言えば、第二段で「一切衆生の発菩提心に至る」という、その発作の処を言ったのである。仏陀の大慈悲は一切衆生をして菩提心を発すように働きかける。その活動の発現して来たところをすべて教門と称する。

是の経 ──→ 諸仏の慈悲 ──→ 一切衆生の発菩提心

図示すれば右のようであるが、第3話と対照していただきたい。第三段の「諸ろの菩薩所行のところに住す」とは、観門を総括して所行のところと述べたもので、第二段に一切衆生と言うも、ここで菩薩と言うも同体である。第二段の場合は未発心のものであるがゆえに一切衆生と言い、この段ではすでに発心したものなので菩薩と敬称したのである。すでに所行の修行があるがゆえに、当然の結果として得益(とくやく)が顕れる。この文(もん)には得益を挙げてはおらないが、この文に引き続いて十功徳を説いて分(ぶん)・満(まん)の得益(とくやく)を示したのはこの意味を顕しているのである。これを図示すると、

十功徳 ←── 所行の処 ←── 一切衆生の発心

となる。すなわち観門の全体を言い顕している。文字は簡単であるが、来至住の三字の中に教観二門の全体を説明し尽くしているのである。

法華経如来寿量品の良医の譬説

第二には、法華経如来寿量品の良医の譬説である。この品に説かれた良医と病気の子どもの譬喩は教観の関係を最もくわしく説明している。

日蓮聖人の教義が寿量品中心の教義であることは、聖人が遺文中に「仏教の中に寿量品なくば、人に魂の無きが如し」と仰せられていることを見ても明らかであるが、実に寿量品は日蓮聖人の教義の全部であり、その神髄である。

この良医の譬喩は教観二門の全体を説明して余すところなしである。これより詳細にお話をする。寿量品に云く、

譬えば、(一)良医の智慧聡達にして、明らかに方薬に練し、善く衆病を治す。(二)其人諸の子息多し。若しは十、二十、乃至百数なり。(三）諸の子後に他の毒薬を飲み薬発し悶乱して地に宛転す。(四）遥かにその父を見て皆大いに歓喜し拝跪問訊すらく善く安穏に帰り給えり。我等愚痴にして誤って毒薬を服せ

り、願わくば救療せられて、更に寿命を給え。（五）父、子等の苦悩せるを見て諸の経方に依って好き薬草の色香美き味い皆悉く具足せるを求めて、擣き篩い和合して子に与へて服せしむ。（六）諸子の中に心を失わざるものはすなわちこれを服するに病い尽く除り癒ぬ。（七）余の心を失える者は、その薬を与ふるに肯て服せず、毒気深く入って本心を失へるが故に。（八）父この念を作さく、我今方便を設けてこの薬を服せしむべし。則ち云く、我今衰老して死の時至りぬ。この好き良薬は今留めてここに在く。汝取って服すべし。癒じと憂ふること勿れ。（九）この教えを為し已って他国に至り、使いを遣して還って告ぐ。汝が父已に死しぬと。（十）子等は父背喪せりと聞いて心大いに憂悩し、常に悲感を懐いて心遂に醒悟し。（十一）この薬の色香倶に美きことを知って即ち服するに、（十二）毒の病い皆癒ゆ。（十三）その父子の悉く既に差ゆることを得つと聞きて帰り来って咸く之に見えんが如し。（『縮刷法華経』三三六〜三

三七頁）

譬説の要点と法門の対比

以上は寿量品の譬説の要点を挙げたのであるが、これに法門を合わせて見ると左の如くになる。これを能く呑み込んで置いていただくと、これからのお話が分かり易い。

（一）良医…父…………本仏釈尊………仏宝
（二）子息十、二十、百数………無数億の衆生
（三）他の毒薬を飲む…………邪法邪師を信ず
（四）遥かに父を見る…………本仏の出世に遇う
（五）良薬……………本仏の説法………法宝
（六）不失心者……善根不失の者……在世の衆生

（七）　失心者……失善の者………末世の衆生
（八）　良医の死…………………本仏の非滅現滅
（九）　使を遣して還って告ぐ…四依の菩薩…僧宝
（十）　心遂に醒悟…………………衆生の発心
（十一）　即取服之…………………衆生の修行
（十二）　毒病皆愈…………………衆生の得益
（十三）　父子相見………………始本不二の証悟

本文についてお話をすれば、まず第一に宇宙観並びに人身観として父と子、良医と病子との二つに大別して見ているところに注意を要する。文の（一）（二）は父と子との関係を説いて人身観の妙所を発揮し、（一）（三）は良医と毒薬を飲める子等を説いて、宇宙の迷悟対立の状態を説明した。

父子の関係は天然的関係であって人の作為でいかんとも為し難きものであるが、

われわれと仏陀との関係は、先天的に深大なる因縁を有して父子の関係を有するものである。子は父の跡を相続すべき権利を有する。われわれは先天的に仏陀の御跡を紹継（受け継ぐこと。承継。継承）すべき権利を有する者であることを明かした。しかも今は毒を飲んで迷えるがゆえに、父の跡を承継する力はない。狂子は父の跡取りになれないのである。

この父子でありながら、父の跡を取り得ないところに救護の必要があり、信仰の問題が起こるのである。父子の関係は必然的関係で、基礎的問題として父子は同一体なりとの不二的理論を明かしたのである。

しかも、その子が毒薬を飲んで苦悶しつつある状態に対して、これを救済せんとするのは、精神的問題、信仰的問題として、救済者と被救済者、迷と悟など、その立場を異にする差別的方面の而二的事実を明かしたのである。

先の不二の平等無差別の本体と、この而二の差別の現相との両面があることを徹底的に説明したのが本段の意義である。これが仏教の人身観の勝れたところであり、また日蓮主義が仏教の諸宗の中で卓越している原由（原因。物事のもとづくところ）である。

本仏釈尊を中心とした集団

次に（一）の文は、同時に仏陀観の説明でもある。良医の知慧の聡達（賢くて明達なこと）などの勝能勝用は仏陀の智慧、慈悲、功徳、力用の広大無限であることを示し、衆生救済の勝用のあることを明かしたのである。良医である仏陀を起点として、一切の関係を説明していることは、仏陀が宇宙の本主であり起点であって、一切衆生は本仏釈尊を中心とした一大集団であり、一大家族であるということを譬えたのである。

（三）の文は、一切衆生が迷路に彷徨するのを明かしたのである。多くの子どもたちは、父たる仏陀が衆生化導のため、遠く他国に教化して留守の間に、妄想や煩悩を起こして諸の悪思想に囚われ、邪説を信じて横道に踏み入り、ついに脱出することができずに、煩悶し懊悩している状態を「毒を飲んで悶乱し地に宛転する」と言ったのである。

（四）は、そこへ他国に行っておられた父の仏陀が帰ってこられて、子らの前に姿を示された。すなわち、この娑婆世界に出現して我ら一切衆生の前に、その尊容を示現されたのである。衆生は遥かにその尊容を拝して歓び迎えた。仏陀の出現を見て、これこそ我らの救主なり、我らの師父なり。それゆえに救済を受けることができると喜んだ。

そして、願わくは救療せられて、さらに寿命を賜えと申し上げた。仏陀の慈悲に信頼して救療を求め、さらに寿命を賜えと願うことは、我ら衆生は生死の苦海に沈淪して、遷滅無常のはかない生活をくりかえして煩悶している。願わくはこの苦患を脱れて常住不死の生命を得んと希望していることを言う。これこそ衆生の「発菩提心」である。

三徳具足の「大良薬」

（五）の文は、仏陀の説法すなわち教法である。仏陀は一切衆生の苦悩の状態を見て慈愍の心を禁ずることができずに、衆生に教法を与えて苦悩を脱出させようとされた。良医である仏陀は諸の経方、すなわち自身所行の道法にもとづいて一大良薬をつくり出された。

この良医は智慧さとく、薬の処方にすぐれた人であるから、あらゆる薬草の中から、色もよく、香もよく、味もよく、いずれも揃ったものを探し出された。この色・香・味の三つが揃って具わっているということは、その薬の内容の充実しているということを説いているので、薬の本体も作用も円満であることを示したのである。

法門の方から言えば、法身（理体）と般若（智慧）と解脱（功徳）の三徳を具していることである。法身とは真理のことで諸法の本体である。般若とはその本体の真理を了解する智慧で、真理に契合（割符を合わせたように、ぴったりと一致すること）した智慧である。解脱とは諸法の本体を了解すれば、諸法に対して迷妄の考えを起こさず、一切の束縛を離れるがゆえに自在の活動を起こす。これを解脱の徳という。

　このように大良薬には三つの徳が具足している。これがこの薬の貴きところである。この三徳具足の薬草を集めてきて、良医が自分の努力を加えて擣簁和合した。いらないところは簁い捨てて、効能のあるところだけを取って創り上げた大良薬であって、野や山に自然に生えている薬草とは違う。したがって効能の多いことも領解できるであろう。

　この譬喩は、仏陀がご自身の智慧によって真理をお悟りになった、その証られた真理と、真理に契った証智と、その証智から出てきた仏陀の作用とを一つにまとめ擣簁和合して妙法蓮華経の大良薬としたものである。仏陀の証智から現われた妙法蓮華経であるから、妙法蓮華経の価値が貴いのである。

神力品の中で妙法蓮華経を説明する場合に、「如来の一切」の言葉をつけて、妙法蓮華経は如来の御手を通して顕れ出でたものであることを明かした。この妙法でなければ我らの益に立たない。野や山に生えている天然の薬草では、我ら病人の病に適合した薬であるか否かさえも分からぬ。いわんや、病を癒やすなどとは思いもよらぬことである。病を癒やす薬は良医の努力を経たものでなければならぬということが、本段で説明されているのである。

大良薬の効く衆生と、効かない衆生

(十八)の文は、一切衆生の中に罪業の深重なるものと、さほどでないものとが存在するゆえに、仏陀の救済も一様でないことを説明されたものである。邪説に迷わされず悪思想に囚われることなく、過去において仏陀（ほとけ）の教えに縁あって、善根の種を植え付けているものがいる。これらの一類は仏陀（ほとけ）の与え給うた教えに信伏し、随従するゆえに、毒の病がただちに癒えて健康体に復した。これらは仏在世の衆生が本已（ほんい）（もともと、すでに）有善（うぜん）であるゆえに熟達（じゅくだつ）（熟練して上達すること）の二益（にやく）を蒙って、受記作仏（じゅきさぶつ）の得益（とくやく）を得たものを指して言ったのである。

（七）は、しかるに多くの子どもらの中には、毒気が深く染入して悪思想に囚われること甚（はなはだ）しく、その本心を失って狂気になっているものがいる。それらの輩（やから）は仏陀（ほとけ）の良医が大良薬の妙法を与え給うといえども、

「そんな、甘くない薬はいやじゃ」

と言って服用しない。

いたずらに我慢偏執の心を生じて、仏陀（ほとけ）の教えに信伏せず、ますます苦悩を増しつつある状態である。末代の衆生はかつて善苗を植えず、仏陀（ぶつだ）の教えに帰順せず、

冥より冥に彷徨して、なんら得るところがないのを譬えたのである。

良医（父）の死と、子どもたちの覚醒

（八）は、良医の死である。仏陀の非滅・現滅に譬えたものである。仏陀の慈悲は平等にして偏頗がないけれども、しかも罪業深重の輩には特に憐愍を垂れ給う。涅槃経の中に父母の慈悲は平等なれども、病気の子どもに対しての慈悲はさらに深いと説かれているが、仏陀の大慈悲は一子地に住すといって、いかなる衆生においてもひとり子のように思っておられるのであるが、しかも罪業深き病者に対しては、どうかして愈してやろうというお思し召しがことさらに深いのである。

それゆえに心狂える衆生を見て、「ああ可哀想なものである、どうして救ってやろうか」と考えられて、これは並み大抵なことでは、とても気がつくまい。一つ大いに驚かして気をつけさしてやろうお思し召して、実際には涅槃に入ったのではな

いけれども涅槃を示して、衆生に驚きを与えて覚醒を促したのである。心狂える衆生は仏陀(ほとけ)の出世を見て、歓び迎えるといっても、その教えを信ぜず、仏(ほとけ)の実在を見ても心に勝手気侭な思いあるがゆえに、仏陀(ほとけ)の教えを軽んじてこれを信ぜず、ゆえに仏(ほとけ)は方便をもってその死を宣言されて衆生に大なる驚きを与えた。その時に「汝ら我が死後において覚醒したときは、まさにこの法を信ずべし」と遺命して、残されたのが大良薬の妙法蓮華経である。「是好良薬今留在此(ぜこうろうやくこんるざいし)」とはこの遺命のことである。

（九）そうして、しばらくしてから、使いを遣(つか)わして、さらに覚醒を促し、「お前のお父さんは死んでしまわれた。いつまで夢をみているのか。早く本心に立ち還(かえ)って父親の残し置かれた大良薬を服用せよ」と伝えさせた。

本心を失った狂子(きょうじ)たちは、仏(ほとけ)の涅槃を見ても驚かない。一向に平気でいたが、耳元で「お前の父は死んだぞ」と叫ばれて、ようやく気がつく有様であった。この使いを承って末代に出世すべき任務をお受けになったのが、本化の諸大菩薩である。神力品に妙法蓮華経を本化の諸菩薩に付属された様子が詳しく説かれている。

日蓮聖人は本化の上行菩薩の再来身として、末代の今日に出世され、我ら一切衆生に仏陀の教えを信ずるよう絶叫された。まさしく本化の上行菩薩は本仏世尊のご遺命により、そのお使いとして我が日本国に、日蓮と名乗られてご出世されたのである。観心本尊抄に「今の遣使還告は地涌なり」と仰せられたのは、この意である。

（十）このお使いの言葉を聞いて、さしも頑迷な狂子たちも、「ああ、我が父は死んでしまわれた、我らは今より孤児である。誰も自分を保護してくれるものはいない」と非常に悲しんで、始めて覚醒した。そして、父の残し置かれた大良薬を服用したのである。末代の我ら衆生は日蓮大聖人の弘通に導かれて、心眼がようやく開け、仏陀の恩徳を感じ、妙法蓮華経を信じ得るに至った。これが心遂醒悟で、これこそ我らの発心である。

（十一）心が遂に醒悟して仏陀の教えに随順して、その教えに違わざるように実行する。これを修行という。仏陀の教えは、我らがこれを実践躬行（口で言う通りに、自ら実際に行う）して始めて、その境地に到達することを得るのである。これが我らの修行である。

（十二）「毒病皆愈」とは、妙法の大良薬を信じ服用した功徳によって、我らの煩悩の病が一時に断尽して、本覚の覚体が顕現してきたことをいう。これは衆生の得益である。

（十三）は、父子の対面である。さきに子どもらを驚覚させるために、父親は一時姿を隠したが、子どもらは父の隠れたのを「死んだ」と聞いて、大いに悔いて覚醒し、父の与えた大良薬を服用して毒の病が愈えた。父は子どもらと対面して、その全快を祝し、自己の後継者として父の家を相続すべき許可を与えた。ここで父子は「一体不二」の本体に立ち帰って、円満な終局に到達するのである。

信仰について言うならば、衆生は仏陀（ほとけ）の教えに随順し、修行して本覚の覚体を顕現することができ、その本覚の覚体は本仏世尊の覚体と、一体不二にしていささかの相違もない覚体（さとり）を得たのである。ここにおいて仏陀（ぶつだ）の一切衆生を自分と同等に導きたいという本願も満足され、我ら衆生もその本体を顕現して菩提を成満（じょうまん）し得たので、これが宗教信仰の成就したところである。

教観二門と譬喩（たとえ）の関係

以上、十三段にわたって説かれたことと、さきにお話した教観の大綱とを対照されるならば、この良医の譬説（たとえ）がいかに詳しく教観の大綱を説明しているものであるか、お分かりになろうと思う。

教観の二門とこの譬説（たとえ）の関係を合せて述べれば、まず教門の関係は左図のごときである。

経文には「失心・不失心」と分けて説かれているが、今は不失心の者は略して失心の者について図示したのであるが、これを法門で言うと、

良医……本仏釈尊の仏宝

大良薬……妙法蓮華経の法宝

使人……本化上行等の僧宝

である。この本門常住の三宝が、末代の我々一切衆生の救済者たるべきもので、我らはこの三宝によらなければ、他に救いを求むることはできないのである。

次に観門の方を言うならば、

毒病皆愈 ← 乃知此薬色香 美味即取服之 ← 病子 常懐悲感 心遂醒悟

「心遂醒悟(しんづいしょうご)」とは衆生の発心のことで、「即取服之(そくしゅぶくし)」とは衆生の修行、「毒病皆愈(どくびょうかいゆ)」は得益(とくやく)である。

我ら衆生は仏陀(ぶつだ)の教法を信じ、その教えに一致すべく実行することによって、仏陀(ほとけ)の証悟(さとり)と同等の境界に至ることができるのである。寿量品の譬説(たとえ)は日蓮主義の教観の大綱を説明し尽くしているものである。

観普賢菩薩行法経の受戒作法と三帰依

第三には、観普賢菩薩行法経の、(第一、五四頁・第二、五六頁)

今釈迦牟尼仏、我が和上となり給へ、文殊師利、我が阿闍梨となり給へ、当来の弥勒、願はくば、我に法を授け給へ、十方の諸仏、願はくば我を証知し給へ、大徳の諸の菩薩、願はくば我伴となり給へ、我今大乗経典の甚深の妙義により て、仏に帰依し、法に帰依し、僧に帰依す。（『縮刷法華経』五一一〜五一二頁）の文である。

この経文は前段に受戒作法の「三師一証一伴」を明かし、後段に三帰依を明かした。この二段ともに我らが信仰の上に大切な法門である。

この観普賢経は専ら観門の方面を明かしたのであるが、今の経文は教観の一致を説いたので、この経文に示された三師一証一伴の格は受戒作法についての掟を示した。すなわち我ら本化の教徒の信仰すべき本尊のすがたである。

ただここに特に注意すべきは、その信仰すべき人格について、この経文と日蓮聖人の御本尊と異なっていることである。この経文は還迹流通と言って、本門の説教が済んで本化菩薩も還られ、多宝如来もお還りになり、釈尊は虚空会を閉じて霊山会（りょうぜんえ）にお戻（もど）りになった場合ゆえに、その所説の法門が迹門に後戻りしているのである。そこで本化の教徒は、本門の智眼（ちげん）でこれを開顕して見なければならないのである。それゆえに、本経の文をこの意義で見ると、左記のように見ることになるのである。

戒師（和上）……久遠実成釈迦牟尼仏
阿闍梨師……証明法華多宝如来
教授師……本化上行等の大菩薩
証明……十方三世の諸仏
同伴……文殊普賢等の諸菩薩等

そして戒師釈迦牟尼仏は何をお授けになるかといえば、妙法蓮華経の戒体を授与されるのである。これらのすべてを一所（ひとところ）に集めて、これを図顕されたのが日蓮聖人が顕示された大曼荼羅である。

次に、三帰依の法式は、小乗教の始めより一切の仏教を通じて定まった法式で、いかなる場合でも三宝恭敬（さんぽうくぎょう）の法式を紊（みだ）されたことはない。しかも、その教えの意義によって、同じ三宝でもその意味合いを異にするから、今は「大乗甚深の妙義によって」と、その意味の甚深なることを言われたのである。

我ら本化の教徒は本門常住の三宝に帰依すべきである。この三宝に帰依することが、我らの信仰であり、修行であり、実践躬行（きゅうこう）となる。これすなわち観門である。教門の本尊に対し、我らの実行が伴うところ、すなわち教観の一致である。ゆえにこの文をもって聖人の教義を証明するのである。

法華経の全部は聖人の教義であるが、今は最も適切な一、二の文を挙げて、その教義の依拠を示したのである。

第6話　本門の本尊（1）本尊の主体

根本の実体の仏陀（ほとけ）は本仏釈迦牟尼仏お一人である

本門の本尊とは仏・法・僧の三宝であり、数多くある三宝のなかで日蓮聖人は、

本仏………久遠実成（くおんじつじょう）釈迦牟尼仏
本法………南無妙法蓮華経
本僧………本化上行（ほんげじょうぎょう）等諸大菩薩

をもって、根本の三宝として、我ら末代の衆生にお与えくだされた。そこで、この三宝を根本中心とすることの意味合いを申し上げねばならない。

釈迦牟尼仏が数多くある仏のなかで一番中心の根本の仏陀であるということは、法華経寿量品に、仏陀自ら明白にお説きくだされたことである。

釈迦牟尼仏がわれら人界に降誕されたのは、今よりも約二千五〇〇年の昔である。中インド迦毘羅衛城に浄飯王の太子悉多として誕生され、十九歳の時に出家し、三十歳の時に仏になられたとわれらの眼には映っているが、実はそうではない。

仏陀は成仏してよりこのかた、無量無辺百千万億那由陀劫という非常に遠い大昔より仏になっている。それよりこのかた、

「娑婆世界の衆生のために説法し、教化す」

といって、われらのために教えを与えて、どうかして救ってやりたいとお思し召されている。大昔より今日に至るまで、いろいろな名前やいろいろな形態で現れて来たこともあるが、皆わが釈迦牟尼仏の垂迹至現にほかならない。

ゆえに、たくさんの仏陀や菩薩があっても、釈迦牟尼仏の天の一月が、万水に影

を映したにほかならない。その根本たるものは釈迦牟尼仏、お一人であるということを、寿量品のなかに詳しくお説きになった。

このことをお説きになったから、今まで阿弥陀さまとか薬師さまとか、あるいは観音さまとか、いろいろの名前で示された仏陀や菩薩さまは、皆お釈迦さまの影法師にすぎないことになってしまった。その影法師の仏さまをありがたがるのは愚かなことであるから、「根本の実体の仏陀を信ぜよ」「本仏の釈迦牟尼仏を信ぜよ」とお示しくだされたのが日蓮聖人である。

娑婆世界の教主としてのお釈迦さま——衆生との深い因縁

とりわけ、お釈迦さまはわれら娑婆世界の衆生には、最も深い因縁があって、切っても切れない関係をもっている。法華経の化城諭品にそのことを委細にお説きになっている。

三千塵点劫という大昔に、大通智勝仏という仏さまがおられた。その仏さまに十六人のお弟子がいて、その十六人が、智勝仏の入定中に仏がお説きになっていた法華経を、仏に代わって説いたのである。その説教を聞いた聴衆と特別の因縁ができて、いつも一所に生まれて来ることになった。釈迦牟尼仏の説教を聞いたものはこの娑婆世界に生まれて、何時もお釈迦さまの御教化を蒙るようになったのである。化城諭品に、

> この十六の菩薩、つねに願うてこの妙法蓮華経を説く。一々の菩薩の所化の六百万億那由陀恒河沙等の衆生は、世々に生まれるところを菩薩とともにして、それに従い法を聞いて、皆信解せり。（『縮刷法華経』二二二頁）

と、この文は能化の菩薩と所化の衆生とは、常に同じ処に生まれて法を聞くと説かれたもので、一旦因縁を結んだ以上は、常に能化・所化ともに一つ処に生まれる。その十六人の中の第十六番目の仏さまはお釈迦さまである。経に、

第十六はわれ釈迦牟尼仏なり。娑婆国土において、阿耨多羅三藐三菩提を成ぜり（『縮刷法華経』二一三頁）

と。釈迦仏の化境は娑婆世界である。さらに所化の衆生について、

我に従って法を聞きしは、阿耨多羅三藐三菩提を為しにき。この諸の衆生、今に声聞地に住せるあり。我れ常に阿耨多羅三藐三菩提に教化す。……その時の所化の無量恒河沙等の衆生は、汝ら諸の比丘、及びわが滅度後の未来世の中の声聞の弟子これなり（『縮刷法華経』二一三〜二一四頁）

と。このようにこの娑婆世界は釈尊の化境として、釈尊をその教主として、そのなかの衆生は釈尊の御所において発心し結縁して、世々に説法教化の大利益を蒙っているもので、他の仏のご厄介にはなってはいない。

三徳有縁の教主

さらに、寿量品の意味合いではいっそう過去に遡って、久遠すなわち無始以来、釈尊とこの娑婆世界の衆生とは特別の大因縁を有しているのである。この世界は釈尊の化導の中心地点で、この世界を根拠地として十方世界に大活動されている。釈尊とわれわれとは無限絶対の大因縁を有しているのである。この意義によって法華経譬喩品には、

今この三界は皆これ我有なり（主の徳）

その中の衆生は悉くこれ吾子なり（親の徳）

しかも今この処は諸の患難多し、ただわれ一人のみ能く救護を為す（師の徳）

と説いて、釈尊に主・師・親の三徳のあることを明かされた。

寿量品には、この娑婆世界は無始以来、釈尊の化境であることを明かして、「無始の主徳」を明かし、常説法教化を説いて「無始の師徳」を明かし、「我亦為世

父救諸苦患者」と説いて「無始の親徳」を明かされた。日蓮聖人は祈祷鈔に、

仏は人天の主、一切衆生の父母なり。而も開導の師也。父母なれども、賤しき父母は主君の義をかねず。主君なれども父母ならざれば、おそろしき辺もあり。父母・主君なれども師匠なる事はなし。諸仏はまた世尊にてましませば主君にてましませども、娑婆世界に出させ給はざれば師匠にあらず。また、「其中衆生悉是吾子」とも名乗らせ給はず。釈迦仏独り主師親の三義をかね給へり。(『昭和定本』六七六〜六七七頁)

と。教主釈尊はわれら娑婆世界の衆生に対して、主・師・親の三義を兼ね備えて、われらのために救済の御手を垂れ給うお方であるがゆえに、われらの本尊として崇拝せねばならない。

それにもかかわらず、仏教徒と称するなかに不心得の者があって、われらには縁もなき弥陀・薬師等を尊信し、釈尊を捨て奉るようなものが出てきた。それを日蓮

聖人は誡るために奮闘された。日蓮聖人曰く、

主・師・親を忘れたるだに不思議なるに、あまつさえ親父たる教主釈尊のご誕生・ご入滅の両日を奪い取って、十五日は阿弥陀仏の日、八日は薬師仏の日等云々、一仏誕入の両日を東西二仏の死生の日と成せり。これあに不孝の者にあらずや、逆路七逆の者にあらずや。（『昭和定本』一三三九頁）

と。我らは不孝の者となり、逆路七逆の者となって悪道に堕ちないよう、至心に三徳有縁の教主、釈迦牟尼仏の御許に信心を至さねばならない。

方便としての三乗の教え

次には仏陀の教法について、その中心の教法は何であるか、根本の教法をわれらは信仰の基礎に置かねばならない。仏陀は人界に降誕し、御歳三十で菩提樹下に正覚を成じ、ただちに説法せんとお思し召して、衆生の機根を鑑み、「はたしてわ

が教法を受くるに堪えるや否や」を考察されたのである。その時のありさまを委細に経文に説かれている。法華経方便品に、

我れ始め道場に坐し、樹を観じて経行し、三七日の中において、是の如きことを思惟しき、我が所得の智慧は、微妙にして最も第一なり（『縮刷法華経』九八頁）

と説き、仏のさとりの智慧の最勝なることを讃歎された。ところが、相手の衆生はどうかと見ると、

衆生の諸根は鈍にして、楽に著し癡に盲られたり。かくの如きの等類、如何にして度すべきと。……我すなわち自ら思惟すらく、もしただ仏乗を讃めなば、衆生は苦に没在し、この法を信ずること能わじ。法を破して信ぜざるがゆえに、三悪道に堕ちなん。我れ寧ろ法を説かずして、早く涅槃に入りなまし。（『縮刷法華経』九八～九九頁）

衆生は愚痴にして、仏陀の教法を信受するに堪えず、かえって法を破して悪道に

堕ちる結果を生ずるに至るかも知れない。そのようになれば、仏陀出世の目的である衆生済度をなし得ざるのみならず、かえって反対の結果を生ずるであろうから、仏陀はむしろ説法せずに、このまま涅槃に入ってしまった方が、衆生を悪道に堕とさないだけでもよかろうとお考えになった。

しかし、せっかく人界に出ながら一言も法を説かないで、涅槃に入るのはあまりに情けないようにお考えになり、そこで、

尋で過去の仏の、所行の方便力を念うに、我今得る所の道も、また三乗と説くべし。（『縮刷法華経』九九頁）

として、過去の仏が実行された例にならって、方便力をもって三乗の教えを説いて、衆生を誘引しようと決意されたのである。

その時に十方の仏が現れて釈迦仏を慰諭し、その態度を称讃された。そこで釈尊はいよいよその決意を実行すべく、すなわち波羅奈斯国鹿野園に赴き、五比丘のた

めに最初の説法を行った。これが、阿含経と称される小乗教である。

このように、まず三乗の法を説いて、衆生の根性の愚劣なるを誘引された。その誘引の説法が成道以後四十二年間にわたっている。無量義経に、

我れ先に道場、菩提樹下に端座すること六年にして、阿耨多羅三藐三菩提を成ずることを得たり。仏眼をもって一切の諸法を観ずるに宣説すべからず。所以は如何。諸の衆生の性欲不同なるを知れり。性欲不同なれば、種々に法を説きき。種々に法を説くこと方便力をもってす。四十余年にはいまだ真実を顕さず。（『縮刷法華経』一九頁）

と説いているのは、四十余年の説法が、仏陀の方便の説法であることを説いたもので、四十余年の調機調養により、ようやく仏乗開顕の時に至り、法華経の顕説となったのである。

根本中心の一乗の教え——開迹顕本

法華経方便品には、四十余年にわたって説いたところの「三乗の法」を開顕して「一乗法なり」と示し、仏の教法は一仏乗のほかに何ものをも存在せずと教えられた。

如来はただ一仏乗をもってのゆえに、衆生の為に法を説き給う。余乗もしくは二、もしくは三あることなし。（『縮刷法華経』八五頁）

三乗ありと説いたのは方便の説のみで、真実は一仏乗のほかになしと明かして、過去四十余年の諸経を、一乗の教えである法華経に結束されたのである。これを法華経迹門の開三顕一の法門というのである。

さらに、法華経の本門である寿量品において、仏陀の顕本が説かれたと同時に、また教法についても、「迹門の一乗法はいまだ真実でない」「本門の一乗でなければならない」ことが顕された。迹門の一乗はただ釈迦仏の現在の説法についてだけ、三乗を開顕して一乗に結束したけれども、過去・現在・未来および十方の諸仏の一乗と、釈尊の一乗との間に何らの交渉を持っていないから、たくさんの一乗教があって、いずれが中心であるか、根本であるかが明らかにならない。

そこで寿量品は、十方三世諸仏の中心として、釈迦仏の本仏であることが顕されると同時に、その本仏・釈迦仏の所説の一乗が一切の仏法の中心であり、迹仏等の所説の一乗は「迹の一乗」で、根本中心の一乗でないことが顕されてきた。これを開迹顕本（かいしゃくけんぽん）という。日蓮聖人は観心本尊鈔に、

　又、本門において序・正・流通有り。過去大通仏（だいつうぶつ）の法華経より、乃至現在の華厳経乃至迹門十四品・涅槃経等の一代五十余年の諸経、十方三世諸仏の微塵の経経は皆寿量の序分なり。（『昭和定本』七一四頁）

と仰せられた。すなわち、三世十方の諸仏の微塵の経々の中心の教法は本門寿量品なりとのお諭（さと）しである。このように、仏教の中心の教法を煎じ詰めると、ただ寿量品の開迹顕本（かいしゃくけんぽん）の法門よりほかにないことになるから、開目鈔には、

一切経の中のこの寿量品ましまさずば、天に日月なく、国に大王なく、山河に珠なく、人に神（たましい）のなからんがごとくしてあるべき。（『昭和定本』五七六～五七七頁）

と寿量品を称揚されたのである。

五字のお題目は衆生のための大良薬

一切経の中心は寿量品ということになったが、それでもまだわれわれのような末代に生まれた愚痴暗鈍（ぐちあんどん）の凡夫には広すぎて役に立たない。そこで仏陀（ほとけ）が大慈悲心を起こして、さらにこれを南無妙法蓮華経のお題目に結束された。そして寿量品の良医の譬えを挙げて、この意味を説示されたのである。経に、

父、子等（こども）の苦悩すること是の如くなるを見て、諸（もろもろ）の経方（きょうほう）に依って、好（よ）き薬草の色香（いろか）美（よ）き味（あじわい）、皆悉く具足せるを求めて、擣（つ）き篩（ふる）ひ和合して子に与へて服さしむ（『縮刷法華経』三三六頁）

と説き、また、

是の好き良薬を今留めて此に在く、汝取りて服すべし。差じと憂うることなかれ（『縮刷法華経』三三七頁）

と説かれた。また如来神力品には、法門によって示された。すなわち経に、

要をもって之を言はば、如来の一切の所有の法、如来の一切の自在の神力、如来の一切の秘要の蔵、如来の一切の甚深の事、皆この経において宣示顕説す（『縮刷法華経』三九七頁）

と。この経において宣示顕説すとは、妙法蓮華経のなかに如来の因行と果徳の二法を結要したことを説いたのである。日蓮聖人は観心本尊鈔にこの義の急所を、

一念三千を識らざる者には、仏、大慈悲を起こして五字の内に、この玉を包みて、末代の幼稚の頸に懸さしめ給ふ（『昭和定本』七二〇頁）

と言い、また、

釈尊の因行と果徳の二法は、妙法蓮華経の五字に具足す。我らこの五字を受持すれば、自然にかの因果の功徳を譲り与え給ふなり（『昭和定本』七一一頁）

と仰せられた。妙法蓮華経の題目はその形式においては甚だ簡単にして、五字一音にすぎざれども、その含蓄するところは、久遠実成の釈尊が無始以来、積功累徳の大功徳なるがゆえに、我ら罪深き衆生の大良薬となるのである。聖愚問答抄に、

されど如来一代の教法を擣簁和合して、妙法一粒の良薬に丸せり。豈知るも知らざるも、服せん者煩悩の病癒ざるべしや（『昭和定本』三八九頁）

とお示しくだされた。このような貴きお題目、如来一代の教法を擣簁したお題目であるがゆえに、教法の王として、一切の教法の中で最も勝れたるものとして尊信するのである。

上行菩薩と日蓮聖人

次は僧宝であるが、釈尊のお弟子たちは非常にたくさんいた。羅漢や菩薩などと名乗られる人々は皆お弟子である。ほかの世界の仏さまのお弟子もいるが、釈尊の化導を助けるために来た人たちであるから、皆釈尊のお弟子分である。

その大勢の菩薩たちのなかに、本仏釈尊の一番秘蔵のお弟子であり、一番働きのあるお弟子というのは、本化(ほんげ)の菩薩よりほかにはいない。仏陀(ほとけ)が法華経を滅後の末法の時に宣伝しようとして、その任務に従事する者を求められた時に、多くの菩薩たちや羅漢たちが、その任務を引き受けたいと願い出た。その時に仏(ほとけ)は、「止(やみ)ね善男子、汝らがこの経を護持するを須(もち)いず」と仰せられてこれをお止(とど)めになり、そうして、「この娑婆世界に自(おのずか)ら六万恒河沙(こうがしゃとう)等の菩薩摩訶薩あり。この諸人ら能(よ)く滅後において護持し、読誦し、広くこの経を説かん」と説かれた。

その時に六万恒河沙の本化の菩薩が地より涌出(ゆじゅつ)された。この菩薩に教法の王の

「妙法蓮華経」の五字をお預けになって、末代の我らにお授けくだされた。この本化の菩薩が仏陀の御勅令を畏んで、末法の時にご出現くだされて、法華経の宣伝に従事せられたのである。日蓮聖人は妙法曼荼羅供養事のなかで、

> これらの末法の時のために、教主釈尊、大宝如来十方分身の諸仏を集めさせ給ふて、一の仙薬をとどめ給へり。所謂妙法蓮華経の五の文字なり。この文字をば法慧功徳林・金剛薩埵・普賢・文殊・薬王・観音等にもあつらへさせ給はず。何に況んや、加葉・舎利仏をや。上行菩薩等と申して四人の大菩薩まします。この菩薩は釈迦如来五百塵点劫よりこのかた御弟子とならせ給ふて、一念も仏をわすれずまします大菩薩を召し出して、授けさせ給へり（『昭和定本』七〇〇頁）

と示された。上行・無辺行・浄行・安立行の四人は本化六万恒河沙の菩薩のなかの上首である。我ら末代の衆生はこの大菩薩をお師匠さまと仰ぎ、導いていただかねばならない。この本化の上首の一人である上行菩薩が日蓮大聖人として示現たの

である。これは本化の菩薩の末世にご出現になった時のありさまが、経文に説かれているものと、日蓮聖人の一期の履歴とが寸分違わず出合っている（合致している）ところから申すことで、いたずらに当て推量で言うのではない。

日蓮聖人によって宣伝された本門の本尊は、以上お話した本門の三宝をその主体とするのである。

第７話　本門の本尊　（２）実体と写象

本尊の実体は常住不滅の三宝

　さて本門の本尊の主体とする三宝の実体はどこにあるかといえば、天台大師智顗（ちぎ）（五三八―五九七）が講述した『法華文句（ほっけもんぐ）』では、「霊山会上厳然としていまだ散じ給わず」と釈せられた。自我偈の中には「常在霊鷲山（じょうざいりょうじゅせん）」と説き、「常住此説法（じょうじゅうしせっぽう）」と説いて、常にこの娑婆世界にましまして説法教化し給うのである。

　しかしながら、我ら罪深き衆生は悪業の因縁をもって、阿僧祇劫（あそうぎこう）を過ぎても三宝の御名（みな）を聞くことが出来ない。仏（ほとけ）は常に我らが眼前に在（お）わすれども、「令顛倒衆（りょうてんどうしゅ）

生雖近而不見」で、我らが顛倒の眼には見えない。本仏釈尊の毎自の悲願は我ら凡夫を救済せんがために、「所作仏事」をしばらくも廃し給わざるのであるが、凡夫浅識の輩、仏の実在を見てはいたずらに憍恣の心（心がおごって気ままなこと）を生じて、放逸に堕せんがために、時に滅度を示して驚愕せしめられる。

しかも実には滅度し給わざるがゆえに、衆生の道を行じ行ぜざるをご覧になり、錯謬あることなき実在不滅の三宝が我らの信ずる本門の本尊の実体であり、この実在不滅の三宝が具足して我ら凡夫の眼前に顕現したのは、法華経の涌出品より嘱累品に至る八品の間である。観心本尊鈔に本門の本尊の体相を示したのちに、

> 是の如き本尊は在世五十余年にこれ無し。八年の間にも但八品に限る（『昭和定本』七一三頁）

と仰せられた。この八品の間は本化在座の八品で、一代五十年のうち本化の菩薩が脇士として、本仏釈尊のお側に奉侍されたのはこの八品の間だけであるがゆえに、

こう言うのである。ただしこれは我ら娑婆世界の衆生の眼に映じたところを言ったもので、その本体においては常住不滅の体であるがゆえに、時や処を限って存在を言うべきでないのはもちろんである。この本尊の実体が常住不滅の三宝であるということを深く堅く信じることが、日蓮聖人の教義において最も大切なことである。この点が了解出来なければ、日蓮聖人の教義はとうてい会得することが出来ない。聖人の教義に対する誤解や異論は、この点を会得しないところから起こるのである。

日蓮聖人の「佐渡始顕の本尊」

このように本門の本尊が我らの前に顕示されたのは、在世八品の間だけであるが、如来の滅後の正法千年・像法千年の間には、この本尊を信じる人もなく、弘める人もなくて終わった。末法に入って二百二十余年ののちに、再びこのご本尊が顕示されれた。それは末法弘通の大導師・上行菩薩の再来身としての日蓮聖人によってである。

しかし日蓮聖人が我らにお示しくだされたのは、如来の在世時のご本尊とはいささかその趣を異にしている。如来在世の顕現は、三宝の実体そのままが現れたのであるが、滅後の顕現は、如来はすでに非滅の滅度を示現し給い、本化の菩薩はすでに在座し給わず、教法妙法蓮華経はただ文字として伝持されているのであるから、その実体をありのままに現すことは出来ない。

そこでこれを文字をもって図顕された。この時がすなわち文永十年（一二七三）七月八日、佐渡国一ノ谷において初めてこれをお示しになられた。これを佐渡始顕の本尊という。滅後末法においての最初の顕示であるこの本尊は、本門の本尊の実体を文字をもって模写したもので、在世本門八品の時の説教の儀式を文字をもって示したものである。今日の御真影の意味と同じことである。今日のように技術が発達しておらなかったから、実物そのままを模写するわけにはいかない。ゆえに文字によってそのありさまを示された。このことを聖人は日女鈔（日女御前御返事）に、抑も此御本尊は在世五十年の中には、八年の間にも涌出品より属累品まで八品に顕れ給ふなり、さて滅後には正法・像法・末法の中には、正像二千年にはいまだ本門の本尊と申す名だにもなし。何に況んや顕れ給はんをや。又顕すべき人なし、（中略）ここに日蓮いかなる不思議にてや候らん。龍樹・天親等、天台・妙楽等だにも顕し給はざる大曼荼羅を、末法二百余年の比、はじめて法華弘通のはたじるしとして顕し奉るなり。是れ全く日蓮が自作にはあらず。多宝塔中の大牟尼世尊・分身の諸仏すりかたぎたる本尊也（『昭和定本』一三七四～一三七五頁）

とあるが、この御文の中の「すりかたぎたる本尊」とは、霊山顕現の本尊の実体を模写して図顕したものであるということである。ゆえに、我らの信仰においてはこの写象の曼荼羅を通して、実体の本尊と結びつかなくてはならない。もしも模写の曼荼羅にとどまる信仰ならば、ただ紙の信仰・文字の信仰にほかならない。それでは野蛮幼稚の天然崇拝だにもしかざる低級な信仰である。日蓮聖人の教義は決してそんなつまらぬものではない。その本尊の実体である三宝、すなわち本化の菩薩の指導にもとづいて発した我らの信念力は、実在の本仏の本願力と妙法蓮華経の本済力とに結合し、この三力が合体して信仰成就の大功能を実現するというのが、日蓮聖人の教義である。低級幼稚の迷信的信仰とは天地ほどの差異がある。

しかるにその教義を理解せざるものが、聖人の図顕について、時の前後を争い、紙木の相違を論じて、聖人の教義を浅薄たらしめんとなしたるは慨嘆すべきである。

本尊の実体を文字をもって模写

このように聖人の本尊顕示はその本尊の実体を文字をもって模写されたのであるから、後年あるいは文字の代わりに絵画をもってその姿を写したり、または彫刻をもって、その姿像を顕したりしたものができた。今日では寺院の本尊は彫刻の木像を多しとする状態（ありさま）であるが、これらは要するにその模写の本尊を通して、本尊の実体である常住実在の三宝諸尊に結び付くのであるから、文字であっても、絵画であっても、木石金銀の彫刻でも、それによって信仰を呼び起こすものであるならば、何物でも差し支（つか）えない。我らの信仰が常住実在の本仏の慈悲と妙法の功力（くりき）とに結合して、はじめて生気ある信仰、溌溂たる信念となって活現してくるのであるがゆえに、何物を通しても、実在の本体と結合し得るならば、差し支えないのである。

「暮れ行く空の雲の色、有明方の月の光までも心をもよほす思い也」とは持法華問答抄（『昭和定本』二八二頁）のお言葉であるが、暮れ行く空の雲の色でも、そこが即是道場（そくぜどうじょう）の本尊のありかである。しかし我ら幼稚の信仰者は、仏（ほとけ）の御名（みな）があれば仏（ぶつ）を念じ、妙法蓮華経の文字（もんじ）を拝すれば、妙法を信じること容易（たやす）きがゆえに、文字形像の模写の本尊を安置して、その信念を呼び起こすに便宜ならしめているのであるが、いかなる時でも、その文字形像を通して実体に通うことを忘れてはならない。

第8話　本門の本尊（3）本尊の意義

帰依三宝と受戒作法

本尊の意義については両義がある。一つは帰依三宝の意味合いと、一つは受戒作法の意味合いから、その本尊の実体を見るのである。この二つの意義はただに本門の本尊についての意味合いばかりでなく、一般仏教を通じての意義でもある。その教義によって、意義の浅深は異なれども、その形式は同一である。小乗の始めより帰依三宝は通規（つうき）（通則。すべてに適用される規定）となっている。今日（こんにち）でも各宗いずれも帰依三宝ということに反対するものはない。仏教徒としては反対することは出来ないのである。

聖徳太子の十七条憲法のなかにも、一般順守の法則として「篤く三宝を敬へ」と定められたが、これも一宗一派の法則ではなく、通仏教的規定として定められたもので、優婆塞戒経などには盛んに帰依三宝が説かれている。

そのほかにこの格を破った処はない。ごくごくの小部分に念仏などと言って、仏のほかには法も僧もいらぬような思想があるが、この思想をもって仏教の全般を押しはかってはならない。仏のみで、教法も僧伽もないならば、如何にして衆生を教化利導することが出来よう。仏・法・僧の三つが揃って始めて衆生済度の目的を達し得るので、この三つは一つ一つ離ればなれになってはならないのである。ゆえにこの三つはどうあっても一具（一揃い、一組）にしていなければならない。

小乗の仏は八十涅槃の仏、小乗の法は空無を目的とした教法であり、僧侶も仏と同様に無余涅槃に入る無常の僧侶であるから、三宝ともに実在の意義を欠いている。

大乗になれば実在の生命があることを説くから、三宝ともに小乗の三宝よりは実在性を帯びている。しかし、法華経の本門に至らねば真実の実在の意義が顕れない。小乗・権大乗・迹門ともにその三宝は常住のものではない。日蓮聖人は観心本尊抄に、

夫始め寂滅道場華蔵世界より沙羅林に終るまで五十余年の間、華蔵・密厳・三変・四見等の三土四土は、皆成劫の上の無常の土に変化する所の方便・実報・寂光・安養・浄瑠璃・密厳等也。能変の教主涅槃に入れば、所変の諸仏随て滅尽す。土も又もって是の如し。今本時の娑婆世界は三災を離れ四劫を出でたる常住の浄土なり。仏既に過去にも滅せず、未来にも生ぜず。所化もって同体なり（『昭和定本』七一二頁）

と仰せられたのは、本門の三宝以外の仏陀・僧伽は、共に無常の三宝であることを示されたのである。そのような無常な仏(ぶつ)や僧伽は我らの信仰の対象として価値のないもので、今我らが信じる三宝は、観普賢経にお説きになったごとく、最も甚深に

して妙義ある三宝尊をもって本尊とするのである。観普賢経には、

我、今、大乗経典の甚深の妙義に依って、仏に帰依し、法に帰依し、僧に帰依す（『縮刷法華経』五一一〜五一二頁）

と説かれ、大乗経典の甚深の妙義とは何であるかといえば、法華経本門の久遠実成の開顕によって顕れた常住実在の意義である。本門の久遠の開顕が顕れなければ、すべての仏宝も、法宝も、僧宝も、その実在性を欠くがゆえに、衆生を救済する力を十分に顕すことが出来ない。

そのような実在ならぬ三宝は、衆生の帰依処としての価値がないがゆえに、たとえ諸経に帰依三宝の教義が示してあろうとも、その意義は徹底していないのである。本門の開顕が終わって、はじめて仏陀（ぶっだ）の真実も顕れ、教法の真実も顕れ、僧伽の真実も顕れる。この真実の常住実在の三宝を我らの本尊として帰依するところにはじめて帰依三宝の意義が徹底するのである。

三宝（仏・法・僧）の順序

ついでに申し上げると、かかる法門についての意義は大小乗の教義によって浅深の差別は生じるけれども、教相上の綱格は一定しているもので、三宝の次第はいかなる場合でも、仏・法・僧の順序であって、法が先にあったり、僧が先になるようなことはない。この点は注意すべきことと思う。優婆塞戒経ではその順序を明白に説明し、

仏宝…一切の仏は法に帰依すと雖も、法は仏陀に由るが故に顕現するを得たり、是の故に先づ応に仏に帰依すべし

法宝…無常を常と見、無我を我と見、無楽を楽と見、不浄を浄と見る。無上の正法悉く能く断除す、是の因縁をもって応に法に帰依すべし

僧宝…仏僧は寂静にして心憐愍多く、少欲知足如法にして住す、正道を修し

て正解脱を得已って、復能く転じて人の為に説く、是の故に応に次に
僧に帰依すべし

と、三宝の次第は整然としている。

また勝鬘経には三宝帰依の関係を、さらに明白に示している。文に、

無尽の帰依常住の帰依と作る者とは、謂く如来応等正覚なり、法とは即ち是れ説一乗道なり。僧とは是れ三乗の衆なり。この二帰依は究竟の帰依にあらず。（中略）法僧に帰依する是二帰依はこの二帰依にあらず。是れ如来は帰依するなり。

とあり、法・僧の二帰依は究竟の帰依にあらず、究竟の帰依は如来に帰依することにあり、と示した。三帰依を説くけれども、如来を帰依渇仰の中心に置くことは仏教教義の根本原則である。この格を乱しては仏教の教義を理解することは出来ない。法・仏の関係に迷い、惑う人々は反省すべき点である。

受戒作法と本尊

次には受戒作法の意味合いから、本尊の実体を見てゆく。これは本門の戒壇における受戒の作法をいうのであって、受戒の儀式から起こる問題である。受戒も小乗の始めから権大乗・実大乗ともに、それぞれの掟（おきて）が定められている。その意義はそれぞれの教義の立て方によって異なってはいるが、受戒をすべて無視した教えは一つもない。仏教信仰の表旌（ひょうせい）（世に示し、あらわすこと）として必ず受戒の作法をすべきことが定められた。今、本門の教義において立てる受戒の作法は、小乗教などでいうような形式にのみ拘泥（こうでい）しているものではない。

小乗教では受戒の時に戒師や阿闍梨師など、受戒に関係ある人々を招き集めてこなければならない。千里の内にそれらの人々がいない場合は、やむなく自誓受戒（じせいじゅかい）を許すが、千里の内にそれらの人々がいる以上は、是非とも招集（よびあつ）める必要がある。そうなると受戒の儀式が大袈裟になり、なかなか準備を要する訳合(わけあ)いである。これは小乗教の教理として、仏(ほとけ)も羅漢も、その極果(ごくか)に達すると灰身滅智(けしんめっち)して無余涅槃に入ってしまう。その場合には仏も羅漢も世に存在しない。存在しないものを戒師と仰ぐわけにはいかないから、現実の人を招集(よびあつ)めなければならない。畢竟(ひっきょう)して、常住実在の仏陀(ぶつだ)を説かないから、こういうことになるのである。

ところが本門の教義においては、十界の事常住(じじょうじゅう)を説き、常住実在の本仏ましますことを明かすがゆえに、その実在の本仏をもって受戒の能化(のうけ)と仰ぐことが出来る。あえて現実の人々を招集(よびあつ)める必要がない。どこでも自己の信仰の発露した処を即是道場として受戒の場所とし、その処に実在の三宝諸尊を勧請して、「今身(こんじん)より仏身に至るまで、よく持(たも)ち奉る南無妙法蓮華経」と自誓受戒する。このような次第であるから、儀式としては精神的に取り扱うから、形式はあまり重きを置かないことになる。

しかし本門の具体的作法については次項の「本門の戒壇」に譲る。

本門の受戒作法

本門の受戒作法については、法華経の結経である観普賢経に示されている。この経は末代に法華経を信じるものの信仰のありさまを詳細にお説きになったお経で、はじめに我々の信仰の前提として、六根の罪障を懺悔すべきことを教え、その懺悔の心がいよいよ切実にして、実在の本仏に接見し得ることを教えている。自我偈の「一心欲見仏不自惜身命時我及衆僧倶出霊鷲山」の意味を、具体的にお説きになったものといってよい。そのお経のなかに受戒作法の形式として示された御文がある。この文は還迹流通といって、迹門に還ってお説きになった文であるために、本門の意味で、開顕して見ねばならない。

観普賢経に曰く、

今釈迦牟尼仏、我が和上と為り給へ、文殊師利、我が阿闍梨と為り給へ、当来の弥勒、願わくは我に法を授け給へ、十方の諸仏、願わくは我を証知し給へ、大徳の諸菩薩、願わくは我が伴となり給へ、我今大乗経典の甚深の妙義に依って、仏に帰依し、法に帰依し、僧に帰依し奉る。（『縮刷法華経』五一一～五一二頁）

この文の始めの和上と阿闍梨と教授とを三師という。受戒作法の能化の主たるもので一証と一伴は従たるべきものである。和上とは授戒師で、戒体を授与される最も大切なお方で、これはお釈迦さまである。本門の教義によって、久遠実成の釈迦牟尼仏を戒師和上と仰がねばならない。

阿闍梨師とは軌範師と訳すが、受戒者の意志を戒師に取り次ぐ役目をする。世間で例をあげれば、公証人のような人と思えばよい。我々の信仰を教主釈尊に取り次いで、この者は堅固な信仰者であるということを認めてもらうのである。この経では文殊師利菩薩を阿闍梨師と仰いでいるが、本門の趣意によっては証明法華の多宝如来を阿闍梨師と仰ぐ。

教授師とは我らに信仰のなんたるかを教える先生である。このお方の導きによって、我らは信仰に入り得ることが出来る。もしもこのお方がお出でにならなければ、我らはついに信仰の何物たるかを解せず、永に信仰に入る機会を得ないのであるから、このお方は大切なお方である。この経には当来の弥勒菩薩と説いてあるが、本門の教意によって、本化の上行菩薩等を教授師と仰ぎ奉る。本化の諸大菩薩は本仏釈尊の御使として末法の我ら衆生を信仰に導かんとしてお骨折りされていることは、先に詳しく申し上げた通りである。今我らは本化の諸菩薩を末法の大導師として、我らの教授師と仰ぎ奉るのである。

そして戒師和上の授け給う戒体は何であるかと申せば、すなわち南無妙法蓮華経の法宝である。三世十方の諸仏を証明人とし、菩薩以下の人々を我らの同伴衆としてみることはこの経と変わらない。日蓮聖人が図顕された本門の本尊は、これらのすべてを具足してお書き顕しになったもので、聖人図顕の曼荼羅を展開し奉るならば、受戒の儀式が設備して顕れているのである。

①戒体………南無妙法蓮華経―中央に。
②戒師………釈迦牟尼仏┐
③阿闍梨師…多宝如来┘その左右に。
④教授師……上行等の本化の菩薩―脇士としてまたその左右に列座。

この戒体と三師とを本尊中の最も主要なるものとして、いかなる場合でも整足（ととのえ、揃えること）して示された。これに対して、

⑤一証としての十方三世の諸仏
⑥一伴としての菩薩以下の諸聖衆

は、時と場合によって一定していない。主要ならざるがゆえである。

本門の本尊は以上の二義、すなわち帰依三宝と受戒作法の両面からその意味合い

をみるのであるが、この二義は別々のものではなく、結局は一義である。観普賢経の文にあるように、三師一証一件を立てていかなる信仰をなすかと言えば、「我れ今、大乗の甚深の妙義によって、仏に帰依し法に帰依し、僧に帰依し奉る」というのであるから、我らの信仰は帰依三宝である。ゆえに本門の本尊は、信仰の作法として、あるいはまた信仰の実体としてお示しくだされたものであると信じ、それを、身・口・意、三業として身体的に戒体を結ぶために、身は大曼陀羅に向かって拝跪（はいき）し「南無妙法蓮華経」と声高らか口唱するのである。

第９話　本門の本尊　（４）三宝の調和

三宝を調和しての信仰が大事

本門の本尊の実体と意義についてはすでに申しあげた通りであるが、その実体である「本仏釈迦牟尼仏」と「本法妙法蓮華経」と「本化上行菩薩」の三宝の関係について、重ねて申し上げておきたい。

すでに申し上げたので、この三者の関係は明らかであるけれども、現時点においてはこの関係を誤解して、妙法蓮華経の法宝を大切にするあまり、お釈迦さまが邪魔になったり、本化の上行菩薩、その再来身である日蓮聖人を尊崇するがために、お釈迦さまに隠居を申しつけるようなものも出て来て、一方に片寄るために三宝を調和して信仰することが出来ない。そこで、くどいようであるが重ねて申し上げる。

本尊について、日蓮聖人のご教訓はたくさんあるが、そのなかで観心本尊抄が最も完全に、本尊の意義を説明されていることは議論のないことである。その観心本尊抄の結文に、この三宝の調和を示して、

一念三千を識らざる者には、仏大慈悲を起こして、五字の内に此珠を包み、末代幼稚の首に懸けさしめ給ふ。四大菩薩の此人を守護し給はんこと、大公周公の成王を摂扶し、四皓が恵帝に侍奉せしに異ならざるもの也（『昭和定本』七二〇頁）

と仰せられた。妙法蓮華経は本仏釈迦仏の大慈大悲をその基点として顕れてきた功徳聚の袋である。その功徳聚の袋を末代幼稚の我らの首に懸けさせようとして、ご心労されるのが本仏の御心である。

またその本仏の御心を酌んで、末代の我らをして本仏の御心にそうべくお導きく

だされ、守護くだされるのが本化の四大菩薩である。この四大菩薩が末法の幼稚の我らを守護し給わんこと、まさに太公周公が成王を助けたるがごとくにお守りくだされるということは、これもやはり仏のご使命によるのである。

この意味が了解出来たならば、三宝の関係は決して問題となるわけのものではない。この三宝の関係を誤るのは、ただ一部分の説明のみにとらわれてしまうから、全体が分からぬことになるのであろう。三宝の調和に関するご教訓は至る処にお示しになっているので、二、三の文を引証する。たとえば法華経寿量品に良医の譬喩をお説きになっているが、良医は諸々の経方によって色香味皆悉く具足せる好き薬草を求め、大良薬を作り、この良薬を飲ませるために使を遣わして、還って子どもたちに告げさせたという。良医とは本仏釈尊であり、大良薬とは南無妙法蓮華経、使とは本化の菩薩である。これを観心本尊抄に、

今の遣使還告は地涌也、是好良薬とは寿量品の肝要たる妙体宗用教の南無妙法

蓮華経是也。此良薬は仏猶迹化に授与し給はず（『昭和定本』七一七頁）

と仰せられた。良医と良薬と使人との関係において、三宝の調和は充分に示されている。大良薬の妙法は、本仏の良医の手によって、使の本化に授与されていることは明白である。聖愚問答抄には寿量品の譬説（たとえ）の意を、

嬰児（おさなご）に乳をふくむるに、其味をしらずといへども、自然に其身を生長す。医師が病者に薬を与ふるに、病者薬の根源をしらずといへども、服すれば任運（にんぬん）と病癒ゆ。若薬の源をしらずと云て医師の与ふる薬を服せずば其病癒ゆべしや。薬を知るも知らざるも、服すれば病の癒る事以て是同じ。既に仏を良医と号し、法を良薬に譬へ、衆生を病人に譬ふ。されば如来一代の教法を擣篩和合して、妙法一粒の良薬に丸（がん）せり。豈知るも知らざるも、服せん者煩悩の病癒ざるべしや（『昭和定本』三八九頁）

とお書きになっている。持妙法華問答抄には、

譬ば高き岸の下に人ありて登ることあたはざらんに、又岸の上に人ありて縄をおろして。此縄にとりつかば、我れ小岸の上に引登さんと云はんに、引人の力を疑ひ、縄の弱からん事をあやぶみて、手を納て是をとらざらんが如し。争か岸の上に登る事をうべき。若其詞に随ひて、手をのべ是をとらへば即ち登る事をうべし。唯我一人能為救護の仏の御力を疑ひ、以信得入の法華経の教への縄をあやぶみて、決定無有疑の妙法を唱へ奉らざんは力及ばず。菩提の岸に登る事難かるべし（『昭和定本』二七九～二八〇頁）

と示されている。岸の下の人とは我ら衆生で、岸の上の人とは仏陀である。仏陀は我らをご覧になり、大慈悲のお思し召しにより、妙法蓮華経の教えの縄を下ろして、「この縄を取り付けよ、引き上げてやろう」と仰せられる。我らはその仰せを信じてその縄に取り付けば、岸の上に引き上げられる。岸の上の人の力は釈尊の本願力、縄の力は妙法の本済力、縄に取付く人の力は我らの信念力である。法蓮抄には、例せば悲母の食ふ物の乳となりて赤子を養ふが如し。今此三界皆是我有、其中衆生悉是吾子等云云。教主釈尊は此功徳を法華経の文字となして一切衆生の口になめさせ給ふ。赤子の水火をわきまへず、毒薬を知ざれども、乳を含めば身命をつぐが如し（『昭和定本』九四四頁）

母とは仏陀、赤子とは我ら衆生、母の食う食物とは仏の因行果徳の積功累徳の功徳である。仏はその功徳を妙法五字の簡単なる形式に結束して衆生に与えられる。母の食う物には種々雑多の物がある。各種の栄養分を吸収するためである。

しかしそれが乳汁となって分泌する場合にはただ一種の母乳である。その乳のなかにすべての栄養素を含有している。それは母が自身の力で消化し、吸収した結果であるからである。もしも母の体内にて消化されないものであるならば、赤子はその栄養分を摂取することが出来ない。如来の御悟を通して来た、真理・智慧・功徳でなければ、我ら凡夫はなんらの利益をも得ることは出来ない。母と乳とを引き

離しては、赤子を養う乳汁の出ざるが如く、仏と妙法とを引き離しては我ら衆生は救済されることは出来ない。曽谷殿御返事には、

法華経は種の如く、仏はうへての如く、衆生は田の如くなり。（『昭和定本』一二五五頁）

とあるが同じ意味合いである。

本仏と本法の関係

以上の御文はいずれも、「本仏と本法」とは離るべからざる関係にあることを説明したものである。このように本仏と妙法とは密接の関係があって、これが離れてしまったのでは、どちらも働けなくなる。仏は妙法蓮華経によってでなければ衆生を救うことは出来ないし、妙法蓮華経は仏の御手によってでなければ、その内容が充実しない。双方並んで始めて衆生を救う力となって顕れてくるのである。

妙法蓮華経は仏陀の慈悲と我ら衆生の信仰とを連絡する働きをなすものである。岸の上の人と、下の人の間を連絡するのは縄である。我らの信仰はその縄を通して岸の上に通じ、岸の上の人の慈悲は縄を通して下に通じるので、この縄は上の人も手に握り、下の人も手に握って、始めて役に立つ。

妙法は仏陀と我らとの仲介者となるのである。本化の菩薩はその意味合いを我らに教授すべく、直接にお世話を焼いてくださるお方である。母と赤子との譬えで言えば、本化の菩薩は伝役である。母と乳と「おもり」の三つには、一つも衝突や矛盾がない。このように三宝を了解することが日蓮聖人の信仰である。

この意味合いをなんらの文句も言わないで、一目瞭然、誰が見ても判明するように、文字をもって示されたのが日蓮聖人図顕の大曼荼羅、すなわち本門の本尊である。ご本尊を拝見してもその意味が分からずに、かれこれ間違った屁理屈をいうのはよほどの理屈屋である。しかもこの本尊の実体は常住実在にして、常に我らが道

を行じ、道を行ぜざるを照覧されておられることを信じねばならない。要するに日蓮聖人の本尊観においては、

常住実在の三宝をもって本尊とすることと三宝の関係が調和せられ、信仰意識に於て何等の矛盾にあらざること。

を得たならば、本尊についての雑多の問題はおのずから氷釈（ひょうしゃく）し得るのである。日蓮聖人図顕の大曼荼羅が、中央に南無妙法蓮華経と大書され、お釈迦さまが横に小さく書いてあるところから、誤解を生じたようにも思われるが、これまでお話したところを充分諒解できたならば、そのような誤解は解けると信ずる。

また、聖人在世中に一尊四士の形像（ぎょうぞう）建立のことも遺文中に顕れているが、これとても本尊の意義より見て、また釈尊化導の実際上より見ても、別段に難解の問題ではないと思うが、教義的にある程度の錬磨を積む必要がある。

第10話　本門の題目（1）一言の妙旨

観門の三段階

日蓮聖人の観門、すなわち実行部面を総称して「本門の題目」という。

我らは本化の上行菩薩の活動によって、生死の長夜にようやく一道の光明を得て、

南無妙法蓮華経（菩薩行）┬始……発心（ほっしん）
　　　　　　　　　　　　├中……修行
　　　　　　　　　　　　└終……得益（とくやく）

その向かうところを知り、まさに一歩を踏み出そうと志しているところが、すなわち観門に移るところであるが、その実行に入るについて、これを三階段に分別する。これを図示すると、前頁のごとくである。三段があるといっても、要は一信仰にほかならないのであるから、この観門の全体を一言（いちごん）で言い顕（あらわ）して「南無妙法蓮華経」というのである。

日蓮聖人が所々（しょしょ）の御文（ごもん）に「南無妙法蓮華経と唱（とな）うべし」といい、「妙法を信ぜよ」と仰せられたのは、この意味から言われたので、ただ口先で南無妙法蓮華経と蓄音機的に囀（さえず）るばかりでは何の意味もなさない。この簡単な一言のなかに深長なる意味を含んでいるのが大切な事柄である。このことをよく理解せずしては日蓮聖人の価値は分からない。これから観門の三問題（発心（ほっしん）・修行・得益（とくやく））についてお話しする。

仏子（ぶっし）の自覚と発心（ほっしん）

第一に「発心（ほっしん）」である。まず我々自身がどのようなものであるかを知らなければならない。それが分からねば、仏陀（ほとけ）や教法（おしえ）と自分らとはどのような関係を有するかが分からなくなる。その関係が判明（はっきり）せねば、何のために信仰するのか意味がないことになる。

そこで自分は一体どんなものであるかということを知らねばならない。キリスト教では我々を罪の子と言い、仏教でも小乗教では、我々は罪悪の結晶体（つみのかたまり）なりと言っているが、これらの説に順（したが）えば、もしも我々が罪悪の結晶体であると自覚し、その非を悔い改めたならば、その当然の結果として、結晶した罪悪は消滅しなければならない。罪悪が消滅してしまえば、その罪悪によって作られた我々は全くその存在を失うという結果に到達する。ゆえに小乗教では「空無に帰するを涅槃の証悟（さとり）」という。

キリスト教では罪を悔い改めたものは、神僕（神のしもべ）として神の側に行くことができるというが、神と我々との関係を説くことが充分でないために、論理的にこれを説明することができない。むしろ小乗教の方が徹底した説明である。

しかしこのように「我々はついに空無に帰する」との説明は、我々が何者であるかを説明するのには、まだ充分のものとは言えない。

法華経に示されたところによると、我々は単なる罪悪の結晶体ではない。我々は罪悪の結晶体なりと見るのは、ただ皮相のみを見て論ずるからである。我々の本体は決して罪悪ではない。罪悪は本体を包んだ皮である。一皮剥けばその下から本体である光明体が現れる。これが法華経の説く所である。

その光明体とは何か。理論的に言えば「実相真如の妙理」である。人格的に言えば、その実相の妙理を体現された仏陀と同様なものであって、我々においてはこれを「仏性」という。この仏性は無始以来我々が保有しているのであるが、我々の心の狂いからいつの間にかその本体を忘れて、罪悪を犯すようになった。それがために罪悪なる暗黒面によって、光明体は全体を包み込まれてその光を失うに至ったのである。その暗黒面は表皮であるから、その罪悪の暗黒面を打ち破るならば光明体である仏性は自然に表に現れてくる。

これは一応理論的に見たのであるが、さらに進んで実際的に我々の本性を研究すると、我々と本仏釈尊とは父子の関係であることが説き明かされている。我々は本来釈尊の愛子（あいし）として、父である釈尊の慈愛のもとに生きていたのだが、いつの間にか、父親の膝元を去って、遠く他国に流浪して、父を忘れ家を忘れ、ついに本心を失って悶乱しているのが今日の我々である。我々には父としての大慈悲の本仏世尊が在（ま）しまして、常に哀愍救護（あいみんくご）の救いの御手（みて）を垂れ給うているにもかかわらず、自ら孤独の想いに悩みつつある。我らはひとたび本仏の愛子であるとの自覚を生ずれば、ただちに本仏の救護（くご）の御手に摂取されるのである。この仏子の自覚を得ることが、我々の信仰に進む第一歩であり、これが発心の最初である。

すでに仏子の自覚に立って、信仰に第一歩を踏み入れた以上、さらに自己の進むべき目的を確立しなければならない。自己の進むべき方向を定めずして歩みを運ぶものは、それは愚者（おろかもの）か狂者である。なによりも信仰の目標を定めずして、その信仰に進むべきでない。そこで我々は何を目的として進むべきか。我々の目的は成仏である。仏子でありながらその本体を忘れて、物乞いのような生活に堕落しているのは間違いであるから、その本性である仏性を実現しなければならない。

このように目的を確立して、それに向かって進むことで目的を成就することができる。目的なしに、もしくは目的を誤るならば、ついに成功する機会はない。日蓮聖人の教えを信ずるものは、自己（おのれ）が本仏の愛子（あいし）であることを自覚し、父である本仏釈尊の大慈大悲のなかに摂取されて、仏果を実現すべく、第二歩、第三歩と運んでいかねばならない。菩提に向かって発程（はってい）（出発すること。出立）することを我らの発心という。

自分の足で歩く修行法と、汽車に乗る修行法

第二は修行である。すでに進発すべき方針が確定し、目的が定まった以上は、実行に取りかからねばならない。その実行方法が二つある。自分の力で実行するのと他の力を貸りる方法である。親譲りの足をたよりとして、毎日毎日、五里十里と進んで行くのは自力で、汽車や汽船に乗って行くのは他力である。どちらが早いかと言えば、乗物の力を借りる方が早い。自分の力で進むのは骨の折れる割合に効果は少ない。これを仏法の修行でいえば、自分の智慧をもって真理を研究して、証悟を開いて行く自力の方法である。これは自分の力だけで行くのであるから、ポツポツ進んで行き、容易にはかどらない。天台宗や禅宗などで座禅観法と称して、自分の頭をひねって証って行こうというのはこれである。これを専門語では法行という。

これに対して、自分の知慧をたよりにせず、自分より先に覚っておられる仏陀(ほとけ)の力を借りて、その慈悲のなかに摂取される他力の方法がある。仏(ほとけ)さまという汽車に乗るのである。汽車に乗るまでには少々の準備も必要だが、乗ってしまえばいつの間にか目的地に運んで貰える。汽車に乗って行けるかどうかと考えてばかりいて、乗らずにいればいつまで経(た)っても目的地には行けない。この仏陀(ほとけ)のお力にすがる修行の仕方を「信行」という。

我が日蓮聖人の宗旨は本仏の大慈悲に乗托(じょうたく)する信念行をもって修行の方法とする。ゆえにこれを易修(いしゅう)・易行(いぎょう)という。お経に「利根鈍根等雨法雨(りこんどんこんとううほうう)」と説くのはこのことである。我々の努力すべきことは釈尊の慈悲に乗托すべきことで、汽車に乗ることは自分でしなければならない。汽車に乗ることまで他力に待つというがごときは、あまりに横着すぎる考えである。釈尊の慈悲に乗托することは我らの信仰の力によって成就することができるのである。

そこで我々の信念は菩提を求める向上心から進んで、本仏の慈悲に縋る根本信となり、さらに一切衆生を誘引同化し、共にこの光栄を受けようとの活動となって現れなければならない。これは菩薩行そのものの性質で、ただ自己の得脱（煩悩を断じて解脱すること）をもって満足すべきではなく、自己の満足と同時に他者をも満足させようとするものでなければならない。ゆえに我らの信念は実際の問題に触れると、あらゆる方面にその光輝をおよぼして善美化する効用を発現してきたのである。これを日蓮聖人の宗旨信念の体道（信仰的方面）と用道（道徳的方面）と称するのである。

日蓮聖人の宗旨における修行

今、我らの信念が各方面に行きわたっている様子を図示すると、次頁の表のごとくになる。まず出世間門（信仰的方面・体道）と世間門（道徳的方面・用道）の二つに分けられる。この図表のように各方面に行きわたって、しかもそれが適当に調整され

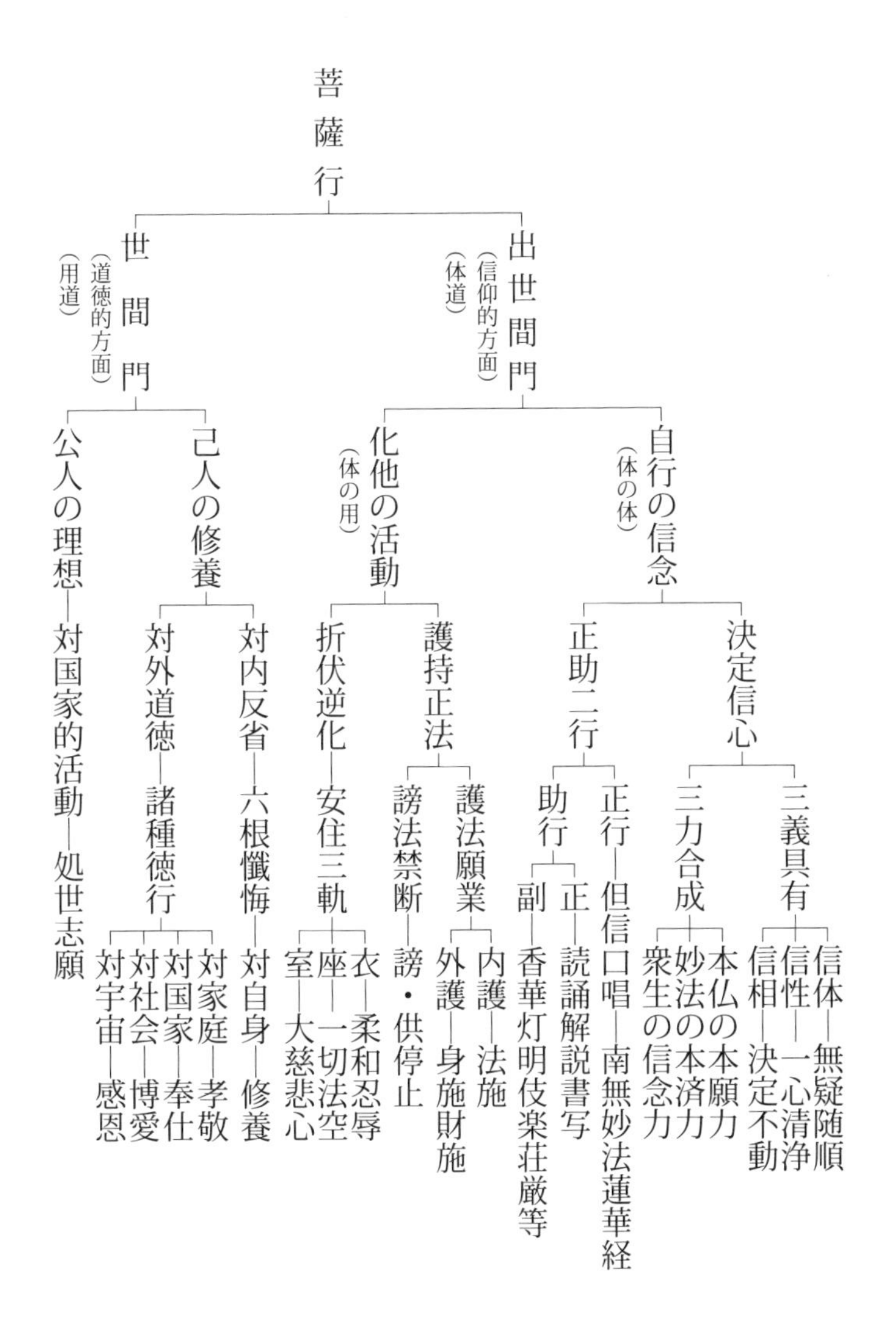
菩薩行
出世間門
（信仰的方面）
（体道）
世間門
（道徳的方面）
（用道）
自行の信念
（体の体）
化他の活動
（体の用）
己人の修養
公人の理想
決定信心
正助二行
護持正法
折伏逆化
対内反省
対外道徳
対国家的活動
処世志願
三義具有
三力合成
正行
助行
護法願業
謗法禁断
安住三軌
六根懺悔
諸種徳行
信体
無疑随順
信性
一心清浄
信相
決定不動
本仏の本願力
妙法の本済力
衆生の信念力
但信口唱
南無妙法蓮華経
正
読誦解説書写
副
香華灯明伎楽荘厳等
内護
法施
外護
身施財施
謗・供停止
衣
柔和忍辱
座
一切法空
室
大慈悲心
対自身
修養
対家庭
孝敬
対国家
奉仕
対社会
博愛
対宇宙
感恩

ていくのが日蓮聖人の宗旨の修行と称されるところで、如来の教法に随順して実行し、実現してゆかねばならない。これを真俗二諦といい、大乗菩薩道の根幹である。

人は一方に偏する癖があって、自分の好むところに片寄りたがるが、それでは完全な人格を得られない。完全な人格者となるには一面に囚われることのない、無我の人であらねばならない。仏陀はその体現者である。各方面を整えて実行していくことは困難であるが、心掛けてそうしなければならない。それが修行である。

現今の日蓮聖人の信奉者の一部のように、ある者は経文の空読みに耽り、ある者は道徳を忘れて信仰の一面を骨張（意地を張ること。強く主張すること）する。ある者は菩薩行の言葉に囚われて上求菩提の信念を理解せず。ある者は国家思想を説かんがために本尊を蔑視して得々たるものなどがいるが、これらは皆その一部分に執して全体を会得しないことから起こった偏見で、真の日蓮聖人の信奉者とは言えない。日蓮聖人信奉者の半可通、似非者の日蓮聖人信奉者と称すべきである。

　我が日蓮聖人信奉者の修行はその根本を本仏釈尊に対する渇仰の信念より発し、仏陀の教法を遵法する結果であれば、決して行い難い事柄を強うるものではない。根本の信念さえ確実であれば不可能なことはなく、いずれの方面に向かってもその光を発してくるのである。日蓮聖人は崇峻天皇御書で諭して曰く、

　人身は受け難し爪の上の土、人身は持ち難し草の上の露。百二十まで持ちて名をくたして死せんよりは、生きて一日なりとも名をあげんことこそ大切なれ。中務三郎左衛門尉は、主の御ためにも、仏法の御ためにも、世間の心根も吉かりけり吉かりけりと、鎌倉の人々の口にうたわれ給へ（『昭和定本』一三九五頁）

と、この御文のなかに、仏法の御為にもとは、出世間門における自行の信念と化他の活動で、主の御為にも世間の心根もとは、世間門における自己の反省と対他道徳の方面における修養徳行を挙げられたのである。このように、各方面に調整された信仰を得てこそ、真実の法華経の行者である。日蓮聖人はさらに四条金吾に示して

曰く、

強盛の大信力をいだして、法華宗の四条金吾四條金吾と鎌倉中の上下万民、乃至日本国の一切衆生の口にうたはれ給へ（四条金吾殿御返事。『昭和定本』六三七頁）

と、法華宗の四条金吾は各方面に完全なる人格を示して、日本全国の模範人物たれよと仰せられたので、法華経を信ずるものは、この覚悟をもって進退せねばならない。日蓮聖人信奉者は模範人格者の自覚と信念とを有するものでなければならないことを御示しになったのである。

得益には分得と満得がある

第三は得益であるが、これは修行に対する果実である。因果の律法は宇宙の大道にして、何人といえどもこの法則から逸脱できない。因果撥無（因果の法をはらいのけて信じないこと）の外道を除いては、古来道を説き、教えを布くもので、その所説の徹底、不徹底の相違はあるが、因果の法則を無視したものは一人もない。仏教も同様でこの原則に準じて立教したものである。しかもバラモン教などの所説に立ち勝(まさ)って、因と果との間に縁ありと説いて、原因が結果を生ずるには、縁が中間に活動して、その結果に遅(ち)・速(そく)、隠(いん)・現(げん)の差別を生ずることを説き、十因・四縁・五果の関係を説いて、因果の法則を徹底的に説明したのが仏教である。

　このような次第であるから、仏道修行に酬(むく)いては当然の結果として必ずその果実を生ずべきである。これを得益(とくやく)という。その最後の果実は発心(ほっしん)の最初に、目的と定めた菩提を証得することであるが、我々の修行の道程は時に長引くこともある。その長き道程においても、実行に応じて相当の果実が与えられる。ゆえに得益は幾種にも分別される。図示すると、次頁の通りとなる。

　東京を出発点として、最後の目的地を山口県の下関とするならば、下関に至らざれば完全に目的を達することはできないが、しかもその中間において静岡・名古屋・

京都と順次に進行していく。そして終極の目的に近づきつつあるがゆえに、これを分得といい、終局の目的地に達したところが満得である。また、成仏の大目的を完了したところが満得、菩薩として一分（いちぶん）の無明を断じ、一分の真理を証（さと）ったところが分得である。これらはいずれも真理を証得した上からいうがゆえに真益という。

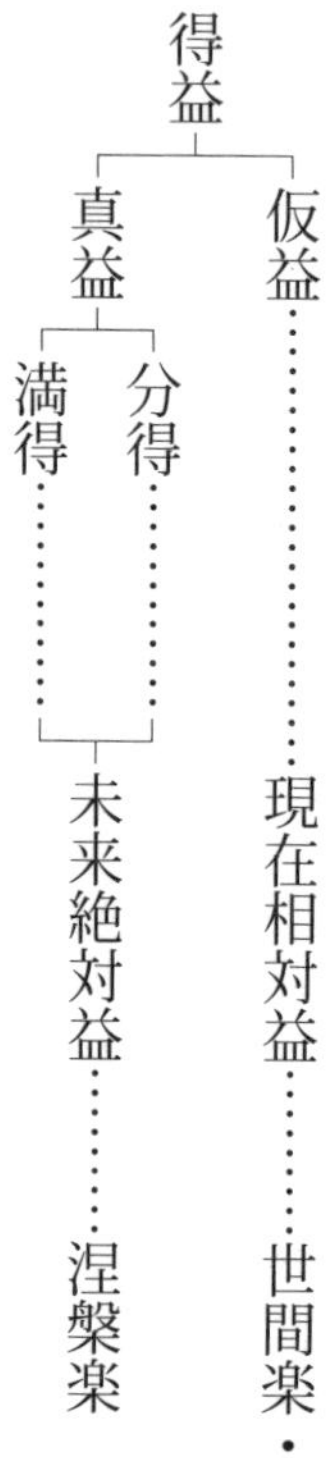

得益
- 仮益……現在相対益……世間楽・安穏楽
- 真益
  - 分得 ┐
  - 満得 ┘……未来絶対益……涅槃楽

一言の妙法「南無妙法蓮華経」

現在我らの人間生活において、信仰のために、人生の苦悩を除き世間の楽や安穏（あんのん）の楽を得たところは、これを相対益といい、仮益（けやく）という。仏陀（ほとけ）が衆生を救済し給う

ところの終局の目的は、法華経方便品に、

　我本誓願を立てて、一切の衆をして、我が如く等しくして、異なること無からしめんと欲しき（『縮刷法華経』九二頁）

とお説きになっている。

　自分と同じものにしてやりたいというのが仏のお思し召しである。すなわち仏にしてやろうというのである。我らの発心は仏子の自覚によって起きたのであるがゆえに、子が親の跡を継ぐべきは当然のことである。元来我らは釈尊の御跡を相続すべき権利を有しているのであるが、自らその権利を抛棄して他国に流浪しておったので、今ようやく覚醒して、父を知り家を知って、お詫びをして家に帰らせてもらおうという場合である。我々が信仰の表示として「南無妙法蓮華経」と唱える。その声は仏さまへのお詫びである。お詫びが叶えば家に戻れる。家に戻れば相続人として親の財産を譲り与えられる。本尊抄に、釈尊の因行果徳の二法は妙法蓮華経の五字に具足す。我等此五字を受持すれば自然に彼の因果の功徳を譲り与へ給ふなり（『昭和定本』七一一頁）

と仰せられたのはこの意味である。我らは一日も早く仏陀の許しを得て、御跡を継げるようにしなければならない。御跡を継ぎ得て、我らが信仰の究竟の目的が達せられれば、そこで信仰生活の全部が完結する。

以上、発心の最初より成仏・得脱の終わりに至るまでの、我らの信仰生活の全部を日蓮聖人信奉者の観門と称するのであり、本門の題目と称して三大秘法の随一に挙げられているのである。これをただ一言で言い顕して南無妙法蓮華経という。この簡単な一言の妙法の中に深長な意味合いを含んでいる。日蓮聖人は立正観抄に天台大師の自筆の灌頂玄旨の血脈を引いて、

此書に云く一言の妙旨一教の玄義と（『昭和定本』八四九頁）

と述べ、さらに伝教大師の血脈を挙げて、

夫れ一言の妙法とは両眼の開いて五塵の境を見る時は随縁真如なるべし。両眼を閉じて無念に住する時は不変真如なるべし。故に此一言を聞くに万法茲に達し一代の修多羅一言に含す。（『昭和定本』八四九頁）

と示された。一言の妙旨とはすなわち妙法の一言である。南無妙法蓮華経と唱うる一言ははなはだ簡単であるが、その内容は万法ここに到達し、一代の修多羅（しゅたら）（お経のこと）を一言に含んでいるゆえ、その内容の意義は非常に広いものであることを認めねばならない。

この一言の妙旨を今ここに本門の題目という。通俗に本門の題目といえば、ただお題目を唱えるだけと思っているが、これは日蓮聖人の教えを本当に知らぬ人の言うことで、本門の題目とは、我らの信仰における実行部面の全体を総称しての称呼である。

第11話　本門の題目（2）適時と傍正

日蓮聖人は日妙聖人御書に曰く、

正法を修して仏に成る行は時によるべし。日本国に紙なくば皮をはぐべし。日本国に法華経なくて、知れる鬼神一人出来せば身をなぐべし。日本国に油なくば臂をもともすべし。あつき紙国に充満せり。皮をはいでなにかせん。（『昭和定本』六四五頁～六四六頁）

と、また法蓮鈔に曰く、

問ふて云く、何なる時か身肉を供養し、何なる時か持戒なるべき。答て云く、

> 智者と申すは此の如き時を知りて法華経を弘通するが第一の秘事なり。たとへば渇者は水こそ用ふる事なれ。弓箭兵杖はよしなし。裸なる者は衣を求む。水は用なし。一をもて万を察すべし。（『昭和定本』九五一頁〜九五二頁）

と、この文意を能く翫味して、法華経の修行を誤らぬようにせねばならない。

せっかく仏法に志しても、その骨折りが徒労に帰するようなことになっては一大事である。宜しく時機に適応するように心掛けねばならない。しかし、その実行の方法は応用に属することであるから、具体的に示すわけにはいかないが、適宜の応用を誤らぬように、その方法を考案し、実行する者が智者と称せられる。

要は「一天四海皆帰妙法」の祖願を成就するについて、最善の方法・手段を実行するにほかならないので、ただ伝来の型に囚われ、旧慣を墨守しているだけでは、せっかく信仰しても仏になれないであろう。七里法華の真ん中で念仏無間を叫んだとて無意義である。（戦国時代、上総土気城主・酒井定隆は領内に法華宗への改宗令を出した。

これを上総七里法華という。）

岡山県に仏壇に向かって四箇格言を叫んでいる一流があるが、いかに日蓮聖人の御立義でも、仏さまに「念仏無間・禅天魔・真言亡国・律国賊」と教える必要はないであろう。はき違えるとこんな間違いもおきる。こういうのは日蓮聖人信奉者の修行はいかなるものであるかを充分に研究しないからおきるのである。

今や世界の思潮は混乱に混乱を重ねて、その適従（頼りしたがうこと）するところを知らない。この時にあたって日蓮聖人の宗旨はあらゆる思想を統合帰一すべき大理想を有しているのである。日蓮聖人が立正安国を叫び、知法思国と唱え、日は東より出でて、西を照らすと言ひし大抱負・大理想は、今時において真にその光輝を全宇宙に輝かすべき時機に際会している。この時にあたってこの実現に努力せずんば果たしていずれの時を期すべきか。

しかるにこの時にあたって、徒らに読誦を専らにし、加持祈祷に熱中して、低級の信仰を唆って、得々とする徒輩の存するは慨嘆に堪えざる次第である。

日蓮聖人の教え勃興の今日に際し、翻然としてその非を改悔し、協力一致してその宣伝に従事しなければならないにもかかわらず、正義の仮面を被りて自己が野心を満足せんとするものが随所に散在するのは、はなはだ遺憾である。

これらはまさしく時を知らざる人々であるがゆえに、たとえ日蓮聖人の末弟と名乗り、法華経の信者なりと称するとしても、日蓮聖人の所謂、

上の如くすれども仏にならぬ時もあり（法蓮抄。『昭和定本』九五一頁）

の仏にならぬ連中であろう。自己は如法に行い澄ましていると思っていても、その時を失えば成仏は叶い難きことである。真実に仏にならんと思わんものは、日蓮聖人の宗旨の大宣伝に努力し、全力を挙げてこの経の広宣流布に尽くすべきである。

近頃各地において宣伝講演が盛んに開始されていることは、非常に喜ぶべき現象として誠に同慶の至りであるが、さて、一面飜ってその宣伝の内容について、考

慮を費やすと甚だ心細い。今の多数の日蓮門下と称する人々が何を宣伝するべきかを知っておられるか。宣伝すべき何物かを持っておるか、はなはだ疑問である。

そのゆえは日蓮門下と称している人々が、本門の本尊に対して正しい信解（しんげ）と実際とを持っているかどうか。日蓮聖人を知っているようであるけれども、日蓮聖人の宗旨を知らない人が多い。日蓮聖人の宗旨を徹底的に研究していったならば、本門の本尊にその根源を発していることが分からねばならない。しかるに日蓮聖人の教えの研究はやっても、本尊のことは愚図愚図（ぐずぐず）で一向に分からぬとあっては日蓮聖人の宗旨が分かっておらぬ証拠である。

日蓮聖人信奉者の信仰は本尊に向かって発する信仰であり、本尊をその拠り所として顕（あらわ）れた信行であれば、本尊に対する信仰意識が明確でなければ、その信仰の拠り所を失ってしまう。その拠り所を失って信仰のみが存在するわけのものではない。その拠り所を失ったがゆえに迷信となり盲信となってゆくのである。

日蓮聖人の教えは本尊を誤れば日蓮主義の全体が失われてしまう。このことはこれまでお話したことであるから、詳しく申し上げる必要はないと思うが、今の日蓮聖人渇仰の運動が本尊改善問題を閑却している以上は、いかにその声大なりとも、主張宣伝の上に何らの効果を及ぼすものではない。我らはかかる日蓮主義の宣伝は、かえって日蓮聖人の面目を傷つけるものとして情けなく思う。

この第11話でお話ししようとするところの「適時と傍正（ぼうしょう）」というのはこの事である。時に適うた日蓮聖人の教えの宣伝は大切なことであるけれども、傍正を顚倒した場合には、また仏（ほとけ）に成り得ぬ次第である。日蓮聖人宗旨の修行は各方面にわたって扇面状（せんめんじょう）に拡大されていくから、非常に広い。しかしながら、そのなかに傍・正があることを見ていかねばならない。すなわち体道（信仰的方面）がその根幹であり、用道（道徳的方面）はその根幹より発した枝葉であることをよく理解していかねばならない。

根幹があって枝葉も繁茂する。根幹である上本尊に対する信念が確立されて、世間や出世間に対する大活動となって顕れてくるのである。日蓮聖人一期の活動はまさしく上本尊に対する熱烈なる信仰より発したものであることは、その実際において、またご遺文において明白にお示しになっているところである。しかるに今の日蓮聖人讃仰者は、その根幹である本尊問題に触れることを避けている。

顕本法華宗の開祖日什上人は六十八歳にして、天台宗より日蓮聖人の教えに帰伏された篤信のお方であるが、その当時の日蓮門下のすべてが、修行においては本迹雑乱、受持分絶といって、その傍正を顛倒して、その時すでに本尊を謬乱するような傾向があったと見て、「受持分絶えたり」と言っておられる。受持分とは「今身より仏身に至るまでよく持ち奉る」と本尊に対する自誓戒であるが、それがもはや失われておった。

そこで余儀なく独立して一宗を開創されて、「本正迹傍・従浅至深の立義」を立てて、その主張を明らかにされた。「本正迹傍」とは古来ただ本・迹両門の一致あるいは勝劣という争いだけについていっているが、日什上人は修行について本正迹傍と言われたので、実行の上からその根本を主とし、正意（しょうい）としていかねばならない。この根本の信仰を正意としていくならば、当然のことながら本尊を確立せねばならない。本尊が確立すれば我らの信仰との間に受持分は成立する。これが正しき日蓮聖人の宗旨であるとのご趣意から独立された。この主張を遵奉してきたのが我が顕本法華宗である。このゆえに我が顕本法華宗には、本尊については厳重に誤りなきように掟（さだめ）られている。中古に一、二の間違いもあったが、今日は皆革（あらた）められている。

我が教団はその説くところにおいても、その実際においても、純正に日蓮聖人の主張を宣伝し遵奉しているものである。ある教団のごとく、その所説と実際とが矛盾しているごときものでもなく、また旧慣を墨守し読誦専門で事足れりとせず、「随力弘通」に従事しつつあるのは、まさしく開祖日什上人の賜とせねばならない。日蓮聖人の教えを信ずる人士はよろしくその傍正を誤らないように、適時の宣伝に努力されるならば、必ず仏に成り得ること疑いなしと信ずるものである。

第12話　本門の戒壇　(1) 教観の一致

本門の戒法

本門の本尊は我々に信仰の理想を示したものであり、本門の題目は我々に信仰の実際を示したものであるが、この本尊と題目とは常に離るべからざる関係にあるものである。教門と観門とは絶対に離るべからざるものであることは、くりかえし申し上げたことであるが、もしもこれが離れているならば我々の信仰はその効果をあげることは出来ない。

本門の教えにおいては小乗教などのように、小さい戒律すなわち酒を飲むなとか、肉を食べるなとかいうような、事相の戒律はやかましく言わないけれども、我々の信仰を維持するについて、その信仰が紊れないように、信仰が本尊を離れないように警戒していく。今身より仏身に至るまで、我らが信仰は本尊に合致して少しも紊さぬよう誓願を立てていくのが本門の戒法である。これを第一義戒というのである。

第一義戒は事相の戒でなく理戒というので、形の上に細かいコセコセしたことを制止するのではなくて、その根本をいましめて誤らないように制御していく戒法である。今本尊と我らの実行が離れてはならない関係にあることを図示すると、

本門本尊	本仏	妙法	本化
本門戒壇	始本不二	教行一致	能所一倶
本門題目	得益	修行	発心

というような形である。我ら衆生の発心は本化の菩薩の化導によらねばならない。

本化の上行菩薩が末法に降誕して日蓮聖人となって示現し、法華経本門の教旨によって三大秘法の教義を宣伝された。我らは日蓮聖人の宣伝によって、ここに自覚し、目醒て菩提の道に志すことを得たのである。我らもし不幸にして聖人の慈教に接しなければ永劫に仏陀の教法に近づく機会をなくしたであろう。我らが仏陀の教法に近づき得たことは、すべて日蓮聖人の教義の宣伝の賜と言わねばならない。そこで我らは常に聖人の御聖訓によって指導を受けていかねばならない。我らの行住坐臥はすべて御聖訓を奉体して進退せねばならない。

発心と本化の指導の一致

このように我らの発心と本化の指導とは、常に一致して離るべからざる関係にあるがゆえに、能所一倶というのである。これは「能化所化一倶して進退す」の意である。御聖訓に、日蓮さきがけしたり、わたうども二陣三陣つづきて、加葉・阿難にも勝ぐれ、天台・伝教にもこへよかし。（種種御振舞御書。『昭和定本』九六二頁）

といい、最後の御厳訓には、

日蓮が弟子檀那等の中に日蓮より後に来り給ひ候はば、梵天・帝釈・四大天王・閻魔法皇の御前にても、日本第一の法華経の行者、日蓮房が弟子檀那なりと名乗って通り給ふべし。（波木井殿御書。『昭和定本』一九三三頁）

と仰せられた。日蓮聖人と我らとは、いわゆる死なば諸共（もろとも）という関係であることを御諭（おさとし）になったので、これが能所一倶の状態（ありさま）である。これについて注意しなければならないことは、我々は日蓮聖人のご化導によらねば発心する機会を得ないということから、日蓮聖人だけおられればほかのものはいらない、という極端な考えを起こすものが出現したことである。

これは大変な間違いである。日蓮聖人は我々に教主釈尊の大慈悲があることを宣伝して覚醒を促されたので、我々はその意を了解して、本仏に対する信仰を起こしたのである。日蓮聖人ご自身が救済するなどとは決して仰せられていない。それを間違えて日蓮聖人を尊信して、お釈迦さまを捨てるなどという考えを起こしたのは大変な間違いで、そんなことを真に受けようものなら、成仏どころか地獄のどん底に堕ち込まねばならない。要心が肝要である。

すでに我々が日蓮聖人のご教訓によって信仰に入り得たならば、そのご教訓によって実行に移らねばならない。そのご教訓は仏陀の説かれた教法として伝えられているのであるから、我らは仏陀の教法を実行の標準としなければならない。我らの性癖を矯直すところの規矩準縄は先覚者である仏陀の教法であらねばならない。仏陀の教法を標準としてそれに添うように我らが実行していくところに、我ら衆生の修行は進んでいくのである。

本覚と始覚

汽車はレールの上を走って、目的地に達する。脱線すれば進行は停まる。教法のレールに乗って進むがゆえに目的地に達することが出来る。教法を外れて進行することは出来ない。ゆえに我らの修行は常に教法のレールを外れないように注意していかねばならない。教法と我らの修行とが一致していくところを「教行一致」というのである。

「今身より仏身に至るまで能く持ち奉る南無妙法蓮華経」と誓願するのは、この教行一致を誓ったのである。今身とは出発点で、仏身とは終点である。この起点と終点とを連絡しているのがレールの教法である。この教法のレールの上に乗って進行さえすれば、ついに終点の仏身を成就することができるのであるから、能く持ち奉ると誓うのである。

我らの実行が仏陀の教法に一致して誤らなかったならば、ついにその目的を達成して、仏果を成就するに至ることは当然である。その成就された仏果は円満なる覚体であらねばならない。その中途においては分々の覚体が顕れることであり、最後の覚体は究竟円満なる覚体が顕れるのである。

その覚体は本仏すなわち我らに教法をお与えくだされたところの仏の証悟と寸分も違わないものでなければならない。元来本仏のお思し召しが自分と等しく、異なることのないようにというのであるから、今与えられる証悟は本仏のそれとは時間の上には違いがあるが、証悟そのものには違いがない。

そこで我々の教主である釈尊の覚体を本覚とし、我らの新しく出来上がった覚体を始覚とし、この始覚仏と本覚仏との証悟は同一であるがゆえに「始覚本覚一体不二」というのである。

本化の上行菩薩の御指導により、我々衆生が発心することを下種益といい、教行一致の実行に励みつつあるところを熟益といい、ついに始本不二の覚体を証得し得るに至るのを脱益という。この三益は我らが信仰の始・中・終について名付けたもので、修行の分位の名である。その実質において何らの変化もあるべきものではない。しかるに実質において違いありと考えて、古来、種脱問題を論争しているが、これは本尊図顕の年時を争うと同様な愚論で、共にその実体実質を会得せざるところから起きたものであるから、その実質を理解すれば当然消滅すべきものである。

第13話　本門の戒壇　（2）戒律の意義

日蓮聖人は、三大秘法の名目について、佐渡以後の諸御書の中にしばしばお示しになっている。またその意義について、本尊と題目に関することは諸御書に示されているが、戒壇については三大秘法鈔に事の戒壇建立に関する理想をお示しになり、戒体等のことについては本門戒体抄、戒体即身成仏義、戒法門、十法界明因鈔等の御書にお示しになっておられるが、一寸理解し難いところがあったり、また戒法という言葉に言い顕して論じられたことが少ないために、その意義は充分に顕れていても、戒法を心付かずにいる人々が多いようである。また一面には末法無戒とい

うことを伝教大師が末法灯明記に書かれて、「持戒の者は市の中の虎の如し」と言われた。日蓮聖人も四信五品鈔に、

五品の初二三品には仏正しく戒定の二法を制止して一向に慧の一分に限る。慧又堪へざれば信を以て慧に代ふ。（『昭和定本』一二九六頁）

と言い、また、

廃事存理と云ふは戒等の事を捨て、題目の理を専にす。（『昭和定本』一二九七頁）

と仰せられたところから、「末法には戒法は要らぬ」というような考えとなり、戒法を軽視する傾向が生まれた。しかし、末法無戒でまったく戒法が不要なものであるならば、本門の戒壇として三大秘法の随一にあるべきわけもない。末法無戒という言葉によって、戒法の全部を捨てるように考えたならば大変な誤解である。小乗などで言うような、枝葉の小さな戒律は持つに及ばない。二百五十戒や五百戒などというような、楊枝で重箱の隅をほじくるようなことはせぬでも善い。その根本で

ある我らの精神を善化し、徳化していけば、末節の一々を制御しなくとも、自然に人の行為は正しくなるというのが、末法無戒の意義であって、根本の精神的節制まで打ち捨てる、というような意味ではない。

それを誤解した結果、戒法全部を捨てて無節制の極となり、現代の法華宗が教義上の紛乱を生じてきたのである。現代の日蓮門下が本尊を誤り、信仰の生気を失っているのは全く戒法を軽視した結果である。軍隊の生命は軍紀にあるがごとく、仏教信仰の生命は戒法によって維持されるのである。その生命であるべき戒法を忘却したから、信仰が乱れたのは当然の結果である。軍紀の弛廃した軍隊が元気を失うように、後代の日蓮主義者が折伏的元気を失ったのは、戒法軽視の結果として余儀なき次第であろうと思う。この戒法軽視の誤解はいつ頃からか判明しないが、よほど古い時代からのことと思われる。

顕本法華宗の開祖・日什上人が当時の日蓮門下を評して、「受持分絶えたり」と申されておるが、「受持分絶えたり」とは「戒法絶えたり」ということである。これによって考えると日什上人当時、すでに戒法は乱れておったということが明らかである。この時は日蓮聖人がご入滅されてから約一百年ののちである。爾来数百年、日親・日経ら四、五人を除いては多く戒法忘失の人々のみであった。本門の本尊を忘失し、迷信雑信を鼓吹して何らはばかるところがないのは戒法を逸却したためである。我々はこの際宗義上の改善を計り、綱紀を粛正して戒法の恢復を絶叫する必要を感じているのである。

戒律の根本義は止悪と作善

本門の戒壇のことは、戒と壇とを別々にお話しないと分かり難いゆえに別々にお話をする。まず戒の意味合いから申し上げる。

戒の意義は防非止悪といって、我々の身口意の三業の上に顕れる間違った行為を防止していくのが戒の意義である。しかしこれはまだ充分にその意義を言い顕していない。ただ防非止悪というだけでは消極的である。「こうしてはならぬ、ああしてはならない」と止める方面だけを強調するので、従来、仏教を「消極的な宗教である」とか、「勿れ主義の道徳である」などと言ったのであるが、仏教の道徳は必ずしも、ただ「勿れ、勿れ」とばかり言うのではない。悪を止めると同時に積極的に善根を積めよということを教える。ゆえに戒律の根本義は「止悪作善」である。

仏陀が説かれた七仏通戒偈には、

　諸の悪は作すこと莫れ、衆の善は奉行せよ、自ら其意を浄むるは、是諸仏の教なり。（増一阿含経序品第一）

とあって、戒律の根本義を示している。この通戒偈の意義が根本となって、種々の戒律が制定された。二百五十戒や五百戒などという、たくさんの戒律は最初から仏陀が制定されたのではなく、問題が起こる度毎に一戒が制定されていったのである。

これを随犯随制という。すべて通戒偈の根本理想から定めていったのであるがゆえに、戒律をただ止悪の方面ばかりと見るのでは、その全体を見たことにはならない。積極的作善の意義のあることを見なければならない。

しかし小乗教で三学を立てる場合には、止悪の方面を多く戒と名づけ、作善の方面は定・慧の二法と名づけているから、この場合には戒を防非止悪の方面だけにみるゆえ、小乗仏教を研究したものが、仏教を勿れ主義だとか、消極主義だとか言うに至ったのである。

権大乗には三聚浄戒といって、摂律儀戒（止悪）・摂衆生戒・摂善法戒（作善）を立てるゆえに、止悪と作善の両方面を束ねて「戒」という名で表している。ゆえに戒の意義は大乗・小乗を通じて「止悪作善」であるということをその定義とする。

戒は馬場における埒で、馬が場外に逸れぬように設けたものである。我々衆生が仏の教えを受けてこれを信じる場合に、我らの実行が仏の教えの埒外に逸れぬように、これを結び付けるのが戒律で、第12話にいう教観の一致は取りもなおさず戒律なのである。

日蓮聖人が当体義鈔に「日蓮が一門は正直に邪法・邪師の邪義を捨てて、正直に正法・正師の正義を信ず」と示されたのは、日蓮聖人の戒法の止悪と作善の両面を説かれたものである。

戒
- 止悪――正直に邪法・邪師の邪義を捨(す)つ
- 作善――正直に正法・正師の正義を信ず

言葉を換えて言えば、止悪とは仏陀(ほとけ)の教法(おしえ)に違背(いはい)するのを止(とど)めるものであり、作善とは仏陀(ほとけ)の教法(おしえ)に随順することである。

第14話　本門の戒壇（3）事戒と理戒

次に戒の相状（すがた）に理戒（りかい）と事戒（じかい）の別があることを知らねばならない。事戒とは一々に事実の問題を挙げてこれを制止していく。理戒とは悪の中の根本の悪を制止し、根本の善を勧めるのである。理戒というのは第一義の根本の戒法であり、事戒という

- 戒
  - 事戒
    - 小乗
    - 権大乗
  - 理戒――実大乗

のは第二義以下の枝葉の戒法である。これを小乗と大乗の教法に分けると、前頁のごとくになる。

小乗や権大乗は枝葉の事柄を一々制止して、その根本を捉(とら)えることを忘れている。その事戒を制定するなかにも小乗教はさらに細説を論じて、些細(ささい)の事柄までも制止していくが、権大乗ではあまり細々したことは言わないで、大体について制止するがゆえに、同じ事戒でも小乗と権大乗とではその戒律の数が異なっている。また小乗教の戒律は七衆別戒といって、受ける人によって戒が違っている。

- 小乗
  - 止悪—戒—七衆別戒
    - 優婆塞(うばそく)、優婆夷(うばい)—五戒八斎戒
    - 沙弥沙弥尼—八戒十戒
    - 式沙摩那(しきしゃまな)—六法
    - 比丘—二百五十戒
    - 比丘尼—五百戒
  - 作善—定・慧

このように種類も多種に分かれており、戒律の数も多くなっているが、権大乗教では、最も重大なるものを制止して、枝葉細末の戒律を論じない。

- 権大乗
  - 止悪 ― 摂律儀戒 ― 七衆同戒
    - 十重禁戒
    - 四十八軽戒
  - 作善
    - 摂衆生戒
    - 摂善法戒

この戒律は梵網経、瓔珞経等のなかに明かされているが、戒を受ける人によって違いはないのと、戒の数が減少しているところが小乗と違う。現今、天台宗や禅宗などで授戒会などをするが、多くはこの権大乗の戒律によってやっているのである。

実大乗である法華経の戒は理戒であって、一々事相の上に戒律を言わずに、根本の悪を制し、根本の善を勧めることを戒法とする。迹門と本門とで区別するほどに

差異はないと思う。法華経でいう根本の善、根本の悪とは何であるかというと、

第一義戒─┬─止悪─謗法禁断（邪法・邪師の邪義を捨てる）
　　　　　└─作善─対本尊の信仰（正法・正師の正義を信じる）

である。本仏の大慈悲に感孚し、是好良薬の南無妙法蓮華経を信念受持する、この信仰が善根中の根本善根である。この信仰を破り、仏陀の教法に違背するもの、これを謗法とし、最大にして最悪としてこれを禁止するのを止悪の根本とする。日蓮聖人の宗旨の信仰はこの根本の戒律を持っていくので、今身より仏身に至るまで能く持ち奉る南無妙法蓮華経と誓願し、この信仰を誤らざるよう警戒し、注意していくのが本門の第一義の戒法である。

第15話　本門の戒壇（4）本門の戒体

小乗教と権大乗の戒体

戒相に次いで戒体ということを知らねばならない。戒体は持戒に対する結果である。少し難しく、分かりにくいかも知れないが、順序として話さねばならないので申し上げておく。

戒体のことはご遺文の戒体即身成仏義に委細が示されている。小乗の戒体は、戒を持てば無表色といって、形はないが一の色法が現れて、戒の功徳を収めている。そしてそれが次の生の原因となるとしている。小乗教では五位無心といって、睡眠の時、悶絶の時、無想天に生まれた時、無想定と滅尽定に入った時は心がないというのだから、自分の心に戒体を得ることは出来ない。有ったりなかったりする心であるから、戒体を継続して保存することが出来ない。そこで無表色というものを立てて、戒体を保存するといったのである。

権大乗では心に八識ありと立てて、有ったりなかったりする心は、表面に立ち働いている粗い心である。心の本体はいつでも有ってなくなることはない。心の本体である阿頼耶識は永久に継続して戒体を発得するという。ゆえに権大乗では戒体は心である。しかるに日蓮聖人は、戒体即身成仏義のなかで、権大乗で心を戒体とするということは一往（とりあえず。ひとまず）である。身・口の表業によって戒体を発するがゆえに、戒体は色法なりといわれている。

小乗と権大乗はいずれも身口二業の表業によって無表の戒体を得るというので、表業ということに重きを置いているから、権大乗は小乗と同じく戒体は色法なりと申されたのである。

法華経の戒体と本門の戒体

それから法華経では、我々の当体をただちに戒体という。我々凡夫の当体に具有している仏性が、すなわち法華の戒体である。これを「法華経の人開会の戒体」という。戒体即身成仏義に、

法華開会の戒体とは仏因仏果の戒体也。（中略）此等の衆生の身を押へて仏因と開会する也。其故は、此等の衆生の身は皆戒体也。（『昭和定本』八頁）

と言われた。小乗と権大乗の戒体は我が身の外に戒体を求めているが、法華経の戒体は我が身を戒体と見る。この法華経の戒体に迹門と本門の相違があり、したがって天台と日蓮の教義に違い目があることを知らねばならない。

迹門の教旨は十界皆成で、一切衆生は皆仏性を具有しているから、いかなる者

でも皆が仏であるという。これは迹門の人開会の法門である。ゆえに一切衆生が仏陀の教法を信ずるも信ぜざるも、皆戒体を許すのが迹門の教義であり、天台の主義とするところである。すなわち十界互具の当体について必然的関係を論じているのである。当体義抄の初めに、

> 問ふ妙法蓮華経とは其体何物ぞや。答ふ十界の依正即妙法蓮華の当体也。問ふ若爾れば我等が如き一切衆生も妙法の全体也と言はるべきか。答ふ勿論也。（『昭和定本』七五七頁）

といわれ、本尊抄の初めに一念三千を論じて万有相関の理を説明されたのは迹門の一念三千論である。この本具の仏性を具有する必然的関係について、ただちに戒体なりと論ずるがゆえに、信ずるものも信ぜざるものも皆戒体を発得することになる。

しかるに本門の教旨においては、これに反して仏子の自覚に到達せざるものは戒体を許さない。たとえその本体は十界互具の体であっても、信ぜざるものはこれを

顕す機会なきものゆえ、ないのと同じことである。これを顕すことは仏陀の慈悲と衆生の信念との精神的結合を待たねばならない。その精神的関係が成立しなければ法華の戒体を発得することは出来ないゆえに、仏陀の教法を信ずるものは法華の当体なりと許し、信ぜざるものは許さぬというのが、本門の教旨すなわち日蓮聖人の教義である。当体義抄の後段に、

問ふ一切衆生皆悉く妙法蓮華経の当体ならば、我等が如き愚痴闇鈍の凡夫も即ち妙法の当体也や。答ふ当世の諸人これ多しと雖ども二人を出でず、謂権教の人実教の人也。しかも権教方便の念仏等を信ずる人は妙法蓮華の当体と言はるべからず。実教法華経を信ずる人は即ち当体の蓮華真如の妙体是也。(『昭和定本』七五八頁)

と言い、また、

所詮妙法蓮華の当体とは法華経を信ずる日蓮が弟子檀那等の父母所生の肉身是

也。（中略）正直に方便を捨てて但法華経を信じ南無妙法蓮華経と唱ふる人は、煩悩・業・苦の三道、法身・般若・解脱の三徳と転じて三観三諦即一身に顕れ、其人所住の処は常寂光土也。（中略）本門寿量の当体蓮華の仏とは日蓮が弟子檀那等の中の事也。是即ち法華の当体自在神力の現す所の功能也。（『昭和定本』七五九〜七六〇頁）

と申された。これは法華経を信ずる人は妙法の当体蓮華であるけれども、信ぜざるものは当体蓮華にあらずと決判（けっぱん）されたのである。権教を信ずるものは地獄の当体を証得するものであるというのは、十界互具の当体として路を踏み迷えば堕落するのは当然のことである。このように法華経を信ずるものは本門の戒体を発得し、信ぜざるものは発得せざるものと分別していくのが本門の教義である。観心本尊抄も最初の一段には一念三千の万有相関の理を述べて必然的関係を論じられたが、第二段においては、その精神的関係を述べて、釈尊の因行果徳の二法は妙法蓮華経の五字に具足す。我等此五字を受持すれば自然に彼因果の功徳を譲り与へ給ふ。（『昭和定本』七一一頁）

と仰せられた。受持すればその功徳を受得し、受持しなければ受得せず。信じないものは戒体を発得し得ないと言われた。これが本門の教えの真価であり、宗教としての価値の存在する点である。必然的関係のみを論じて、信仰の大切なることを忘却しては宗教としての価値はない。天台等の観念系の教義・学説は本尊を忘れ、信仰を逸脱して、ただ本然の性具を論じ、即身是仏を骨張するも、宗教として何等の価値を有しない。今本門の教義は我らの信念が仏陀の慈悲と結合し、その結合の当処に戒体を発得し、功徳を譲り与えられることを教えられたので、真の宗教としての価値が顕れているのである。これすなわち本門の戒法の真価である。

第16話　本門の戒壇　（5）受戒の作法

具足戒と三師七証

次に壇のことを申し上げる。壇とは場所のことで受持(じゅじ)の場所すなわち戒壇である。戒壇を建立するということは、その場所を神聖にするためで、特殊の形式・作法によって、その信仰意識を明確にするためである。戒壇場において受戒したのちは、身心ともに信仰のなかに入ってしまうことになる。

ゆえに戒壇のことをお話するには、受戒の作法を申し上げねばならない。この作法にも小乗・権大乗・迹門・本門において、各々(おのおの)相違している。受戒の作法のことは本門戒体抄（『昭和定本』一七二三頁）に詳しく出ている。

小乗教の具足戒には、辺国は五人、中国は十人、皆五徳を備えている高徳を招請して、戒を受けねばならない。小乗教では仏は灰身滅智し、大徳の羅漢も同じく無余涅槃に入って実在し給わないがゆえに、滅後においては、仏より戒を受けることはできない。よって現前の聖衆は、その時に現存しておられる大徳のなかより、有徳の人を招請して来なければならない。

その場合においては、辺国のものは五人、中国のものは十人の人々を招待しなければならない。十人とは三師七証で、五人とは三師一証一伴である。三師とは和尚（和上ともいう、受戒師）と、阿闍梨（軌範師という。披露役）と、教授（受戒の作法を教える人）の三人で、七人は証明人である。辺国の人は七証の代わりに一人の証明と一人の同伴を加えて五人とする。

このような人数を揃えた上で受戒をしなければならないから、相当の場所を要する。この場所がすなわち戒壇である。わが国では奈良の東大寺と、筑紫の観音寺と、下野の薬師寺を「三所の戒壇」といって、伝教大師が比叡山に戒壇を建設されるまで、もっぱらこの三ケ所で受戒していたのである。

権大乗の受戒には、必ずしも現前の聖衆であることを要しない。千里の内（中国の里程、わが国の百六十六里余）にて人数が揃わぬ時は自誓受戒してよろしい。千里の内にて人が揃えられるならば、招請して受戒しなければならない。

自誓受戒とは、道場に座して一日二日乃至一年二年、自己の罪障を懺悔するのである。そうすると普賢・文殊等の菩薩が来られて、「毘尼薩、毘尼薩（滅罪、滅罪）」と言われる時がある。その言葉を聞いたならば自ら今身より仏身に至るまでよく持ち奉ると誓言を立てて受戒せよと言われている。

このようなわけで小乗・権大乗では受戒の作法に多数の人を集めねばならないゆえに、その場所である壇場を要する次第である。

迹門と本門の受戒作法

次に迹門の受戒作法である。これは観普賢経のなかに説かれている。これは権大乗と異なって、千里の内にも外にも、五徳を備えた聖衆がいるときもいないときも、もっぱら自誓受戒（じせいじゅかい）である。戒師には霊山浄土（りょうぜんじょうど）の釈迦牟尼仏、阿闍梨には文殊師利菩薩、教授師には弥勒菩薩を勧請し、十方の諸仏を証明とし、諸菩薩以下を同伴衆として、諸仏・諸菩薩の御前（みまえ）に無始已来（むしいらい）の罪障を発露・懺悔し、自誓受戒するのである。

本門の受戒作法も形式は迹門と同様であるが、本門では、戒師は久遠実成の本仏釈迦牟尼仏とし、多宝如来を阿闍梨とし、本化の上行菩薩を教授師とする。一証一伴は迹門と同じである。

迹門・本門の受戒の作法は自誓受戒であるから、多人数の集合を必要としない。

いずれの場所にても、本尊を勧請し、自分の信仰を表現し得ることができるならば、必ずしも壇場を要しないわけである。しかるに伝教大師と日蓮聖人が共に戒壇の建立にお骨折りされたのは、ただ受戒作法の形式上の必要のみではなく、他に深い理由の存することと信ずる。これについては、戒壇に事壇（じだん）と理壇（りだん）の区別があることをお話しなければならない。

第17話　本門の戒壇（6）理壇と事壇

理想的な戒壇場

事壇（じだん）とは小乗・大乗の受戒作法のときに、これに関係する人々が集合する場所を指す。第16話で申し上げた「三所の戒壇」がすなわちこれである。

理壇（りだん）というのは形式上の戒壇ではなくて、「いかなる場所でも信仰の当処そのままが直ちに戒壇である」というもので、理想的な戒壇場という意味で理壇という。

法華経神力品に、

若しは受持、読誦、解説、書写して、説の如く修行せん。若しは経巻所住の処、若しは園の中においても、若しに林の中においても、若しは樹の下においても、若しは僧坊においても、若しは白衣の舎にても、若しは殿堂に在りても、若しは山谷広野にても、この中に皆塔を起てて供養すべし。所以は如何。即ちこれ道場なり。（『縮刷法華経』三九七頁）

と説かれている。樹下や石上など、いかなるところでもこの教を信ずる場所が、「即是道場」にして戒壇場である。いかなる場所でも法華経の行者の信念が久遠本仏の大慈悲と感応道交して、今身より仏身に至るまで、よく持ち奉る南無妙法蓮華経を唱うる所は、汽車のなかでも車のなかでも、直ちに持戒の道場であると見るのが所謂理壇である。

ゆえにただ受戒作法の形式上の必要だけでいうならば、小乗・権大乗は事壇を必要とし、迹門・本門は理壇であるために、事の戒壇場を要しないわけであるが、迹門・本門においても事壇を要する意味合いは別に存することを考えねばならない。

日蓮聖人は三大秘法鈔に、

戒壇とは王法仏法に冥し、仏法王法に合して王臣一同に本門の三大秘密の法を持ちて、有徳王覚徳比丘のその乃往（むかし）を末法濁悪の未来に移さん時、勅宣並びに御教書を申し下して、霊山浄土に似たらん最勝の地を尋ねて戒壇を建立すべきもの歟（か）。時を待つべき耳。事（じ）の戒法と申すは是也。三国並びに一閻浮提の人、懺悔滅罪の戒法のみならず、大梵天王・帝釈等も来下（らいげ）して蹋（ふみ）給ふべき戒壇也。

（『昭和定本』一八六四〜一八六五頁）

と仰せられておられるが、事の戒壇は勅宣（ちょくせん）並びに御教書（みぎょうしょ）の降下によって建立さるべきもの、すなわち、国立の戒壇を理想とするとせられたのである。

その時機は「一天四海皆帰妙法」が実現した暁を待つべきもので、それまでは理壇をもってその精神を汲み取るべきである。（王仏冥合の精神）

日蓮聖人の深意

日蓮聖人が国立戒壇を理想とされる深意は、一つは法華経の開顕統一の理想を実現せんがためである。法華経の開顕統一主義であることは明白なことであるが、ただ口舌の上にその主義を論じていただけではその効果が少ない。

これを形式の上で統一すれば、百千の議論よりも一の実行がはるかに効果ありと認めて、戒壇の上に統一の理想を実現するお思し召しであろうと思う。

もう一つは国家の懺悔である。観普賢経では、個人の懺悔と国家の懺悔を説く。国家が人民を治めるには、正法をもって国を治めねばならない。国は道と離れてあるべきでないという理想である。観普賢経に、

若し王者、大臣、婆羅門、居士、長者、宰官。（中略）応に慚愧を生じて諸方を改悔すべし。仏の言く云何なるをか刹利居士の懺悔の法と名づくる。刹利居士の懺悔の法とは、ただ当に正心にして三宝を謗せず。（中略）まさに甚深の経法、

第一義空を憶念すべし。是の法を思う者は、これを刹利居士の第一の懺悔を修すと名づく。第二の懺悔とは父母に孝養し、師長を恭敬する。これを第二の懺悔の法を修すと名づく。第三の懺悔とは正法を以って国を治め、人民を邪枉せず。これを第三の懺悔を修すと名づく。第四の懺悔とは六斎日において、諸の境内に勅して、力の及ぶ所に不殺を行ぜしむ。此くの如き法を修する、是を第四の懺悔を修すと名づく。第五の懺悔とは、ただ当に深く因果を信じ、一実の道を信じて、仏は滅し給わずと知るべし。これを第五の懺悔を修すと名づく。

（『縮刷法華経』五一四〜五一五頁）

と、国王をはじめとして、その国の重要な地位にある人々は、この五種の懺悔の法を行じて政治を行わねばならない。この経が個人の懺悔を論ずると同時に国家の懺悔を説いたのは、宗教は個人的であると同時に、国家的なものであるという理想を示している。日蓮聖人はこの理想から国家的宗教の建設があり、国立戒壇の建立の必要を認められたのである。さらにもう一つは、国家と教法との接合である。これは涅槃経に有徳覚徳の因縁を説いて、仏法と王法の協同動作を理想とされたので、この意味は三大秘法抄の文相に明白に顕れている。以上三点の理想を現実に示さんと欲して、事の戒壇の建立を主張されたものと考えてよい。

伝教大師が比叡山に円頓戒壇の建立を志されたのも、同様の思想にもとづいているものと認められる。この理壇・事壇の理想をまとめて申せば、理壇は自己一身の信仰であり、事壇は国家の信仰である。自己一身の信仰が決定すれば、これを一家に及ぼし、進んで一国に普及しようと計るのは当然のことである。しかし一国をして同じ一乗に帰依させることは容易きことではないので、「時を待つべきのみ」と申されたのである。これは将来の目的に属することであるが、この目的を達するにはその手段を要する。これが正法護持の活動となって顕れてくるのである。

筒御器鈔（秋元御書。『昭和定本』一七二九頁）に、謗法には謗身・謗家・謗国の三種があることを明かし、謗身には覆漏汗雑の四失を離れて妙法を信じ、謗家には父母兄弟等にこのことを語り聞かせて、あるいは悪まれるか、あるいは信じさせられるか。謗国には国主を諫暁して流罪か死罪かが行われれば、その失を免れることを示されているが、理壇・事壇について考えて見ると、左のようになろうかと思う。

理壇――対内的反省――離謗身
　　　　　　　　　　――離謗家
事壇――対外的活動――離謗国

対内的反省は純然たる信仰を発現して謗法雑乱の失を離れ、対外的活動は死身弘法の熱誠が顕れて国家諫暁の目的を達するのである。かの発明王豊田佐吉翁（発明家、豊田自動織機製作所を創設。一八六七〜一九三〇）は子供心に母親の苦労を一つでも減らしてあげたい親孝行の一心から発明を志し、それを順次に広げて国家のために発明を志した。個々の救済から国家社会の福祉へと展開した佐吉翁の精神が事壇である。

第18話　本門の戒壇　(7) 因壇と果壇

三大秘法と三妙

古来、我が宗の教学上において、三大秘法を本因、本果、本国土の三妙に配して、左のごとく当てはめている。

三大秘法
- 本門の本尊……本果妙
- 本門の題目……本因妙
- 本門の戒壇……本国土妙

本門の本尊は本仏果上の浄用より、我ら衆生を救済すべく垂れられたところの大慈悲の結晶であれば、これを本果妙と称し、本門の題目は我らが仏の救済の手に縋(すが)って、向上・発展の途(と)に上(のぼ)りつつある場合を言ったものであるから、これを本因妙と称した。

本門の戒壇は、この本果妙の本尊と本因妙の我々の信仰とが結び付いて、終始相離れざる状態に置いたものであるがゆえに、その最終(おわり)において、始本不二の仏果を成就したる暁(あかつき)、本国土のすがたを示現した場合においては、これを本国土妙と称し得る訳合(わけあ)いであるが、現在世すなわち現実において我らの信仰の当処において戒壇を論ずる場合に、これを直ちに本国土妙として見ることは適当と考えられない。

因壇と果壇の区別

そこで、これを適当に考えるには、戒壇に因壇と果壇の別があることを知らねばならない。

本章第12話において述べた戒壇の三要義を、因果の二壇に分別すると、

能所一倶、教行一致は因中の戒壇……………因壇

始本不二（しほんふに）は果上の戒壇……………果壇

ということになる。

これは従来このように区別されたことはないようであるが、当然このように因中と果上に区別されなければ、今身より仏身に至るまで持続していく戒法と言うことはできないと思う。

第17話において述べた事壇・理壇のごときは、共に因中の戒壇である。我らの信仰の「当処即是道場」なりと観じ、「その場所が直ちに諸仏成道の処（ところ）、転法輪の処、涅槃の処なり」と説くことも、要するに因中に果を説くにすぎない。

また、事の戒壇の道場を建立されたとするも、これまた凡夫界中の事相の道場にすぎないから、やはり因中の戒壇である。我らが信仰を成就して始本不二（しほんふに）の覚体を

体得し、「本国土常住実在の当相」を示現するのが、真実の果上の戒壇である。法華経寿量品に、

我が此土は安穏にして天人常に充満せり。園林諸々の堂閣、種々の宝をもって荘厳せり。宝樹には花果多くして衆生の遊楽するところなり。諸天、天の鼓を撃ちて、常に衆の伎楽を作し、曼陀羅華を雨らして、仏及び大衆に散ず。（『縮刷法華経』三四〇頁）

と説くのは、本国土妙果壇の姿である。日蓮聖人曰く、

日夜朝夕南無妙法蓮華経と唱へ候て、最後臨終の時を見させ給へ、妙覚の山に走り登り四方を御覧ぜよ。法界寂光土にして瑠璃を以て地とし、金の縄を以て八の道をさかひ、天より四種の花ふり、虚空に音楽聞え、諸仏菩薩は皆常楽我浄の風にそよめき給へば、我等も必ず其数に列ならん。（松野殿御返事。『昭和定本』一三八九頁）

と、我らが信仰成就の暁の状態を説かれた。これすなわち果壇である。このように戒壇を因果の二壇に区別して考えることにおいて、我らの信仰は適当に信解（しんげ）される。因果を混乱するとその結果は、即身成仏を骨張（こっちょう）（強く主張する）して修顕得体（しゅげんとくたい）を否定するがごとき謬想（びょうそう）に陥るものもいる。大いに戒慎（かいしん）せねばならない。

第19話　三秘の要領

釈尊の本願

以上、三大秘法の大要を申し述べたが、要するに日蓮聖人宗旨の信仰は、本仏釈尊の大慈悲にその根源を発し、その大慈悲に乗托するのが我らの信仰である。

本仏釈尊の大慈悲は我ら衆生が虚妄し横計して差別の不善心を起こし、諸々の悪業を造り、六趣に輪廻する状態を知らしめて、これを憐愍し、救済しようとして発揮されたところの大慈悲である。

仏の慈悲は我らをして虚妄の見を捨てて諸法の真実相、すなわち一相一味の平等海に帰入させようとされたものである。

真実の幸福、真の平和は平等海中において生ずるもので、差別見は苦悩を生ずる根源であると説いたものが仏法である。仏陀の無上覚とはすなわち平等覚である。徹底した平等観を証ったものが仏陀の証悟である。この証悟をもって一切衆生に与えて、すべて同一の証悟を与えんとするのが仏陀の誓願である。法華経方便品に、

> 我本誓願を立てて、一切の衆をして我が如く等しくして異なること無からしめんと。（『縮刷法華経』九二頁）

と。これは釈尊の本願である。また諸仏の本願を挙げて、法華経方便品に、

> 諸仏の本誓願は我が所行の仏道を普く衆生をして亦同じくこの道を得せしめんと欲す。（『縮刷法華経』九七頁）

と。仏陀の教えはただ一切衆生に皆仏性ありと教え、理論的に仏性ありと説くのみでなく、これを実現する方法を教えたのが仏法である。ただ仏性ありとだけ説いた

のみであって、実現の方法を説いておらぬならば仏法の価値はない。

仏教は理論よりも実行に重きを置いている。平等の理想を実現することに努力するのが仏法である。その実現の方法とは何ぞやというと、凡夫が虚妄の見を捨てること、差別の謬見（びゅうけん）を打ち捨てることである。

凡夫は差別見のために、我が身を愛し、我がために欲望を起こす。それがすなわち迷いと称せられるもので、その迷見を根柢より撤廃せねば真実の理想に生きることはできない。

現今、社会主義と称し過激思想と称するものも理想目的を平等主義に置くことは仏法と違わないが、その実現の方法が誤っている。彼らは各自の思想を根柢より改むることなくして、平等の社会を実現せんと計るのであるが、これはとうてい実現の仕様がない。強い自我をむき出しにしてできるはずのものではない。

真実の平等・平和の社会を作ることは、各自が自我を没却して平等の思想を徹底的に懐くようにならねば、実現できるものではない。平等の思想を徹底的に実現したものが仏陀（ほとけ）の証悟（さとり）である。

そこまで行かねば真実の幸福、真の平和はない。現在の世界、人間の仲間ではとうてい平等の理想を実現する機会は当分来そうに思えない。我らはできるだけその理想の実現に向かって努力するのほかはない。

仏陀の教法と、各自の精神の改造

我々の自我はいつでも我を愛せよと言い出すが、これを抑制し矯正して、我を捨てよ、他を愛せよと考えるように改造していかねばならない。この改造を実行していくのが仏法の修行である。

仏陀（ほとけ）の教法は規矩準縄（きくじゅんじょう）に則（のっと）って各自の精神を陶冶（とうや）改造する。これが第一肝要の事柄である。各自の精神を改造せずして、平等の理想のみを憧憬（しょうけい）していても、ついにその理想を実現することはできない。

かかる事柄は理論として論ずることは容易(たやす)いことであり、当然のことと思惟(しい)されているが、しかも実際になるとなかなか実行されない。それほど実際的には困難の伴うものである。

この困難に打ち勝って不撓不屈の精神に住するもの、これがすなわち信仰と称すべきものである。

日蓮聖人の教えの三大秘法は、要するに以上の事柄にすぎない。

本門の本尊は、我らが理想の境界と実行上の標準とを教示したもの。

本門の題目は、その標準に一致した実際上の行動を定めたもの。

本門の戒壇は、実行上の誓約で、中途挫折を予防したもの。

これらが実行困難の事柄であるということを思わねばならない。仏法信仰には、この根本思想を忘れてはならない。

第19話　三秘の要領

現今の仏教信者、日蓮聖人讃仰者のなかには、自己の欲望を満足させんがため、自我の小利を貪らんがために信仰するものもあるようであるが、これらは仏陀の根本精神に背戻しているもので、真実の救済を受けるには大いなる距離のあることを思わねばならない。

現今、日蓮聖人讃仰の機運に際し、多数の日蓮聖人信奉者のなかには、日蓮聖人の教義を理解せざる、未得已得のものがいて聖人の教義を紊している者がおる。聖人の教義を研鑽する士は慎重の態度をもって、能くその真髄を体得されんことを希う次第である。

第20話　学解と実行

日蓮聖人の「一大事の秘法」

日蓮聖人のご教義は、これまでお話したごとくに、三大秘法の三と分かれているようであるが、この三は永久に別々にあるべきものではない。

我らの信仰が増進して、本門の戒法が真実に受持され、我らの日常の動作が標準である本門の本尊のお思し召しと一致するようになったならば、我が身と本尊とは一つになるべきである。

この場合には、三大秘法は三つではなくて一つになってしまう。ゆえに日蓮聖人は三大秘法のことを「一大事の秘法」とも仰せられた。
教主釈尊の一大事の秘法を霊鷲山にして相伝し、日蓮が肉団(にくだん)の胸中に秘して隠し持てり。(南條兵衛七郎殿御返事。『昭和定本』一八八四頁)
天台伝教は粗(ほぼ)釈し給えども、これを弘め残せる一大事の秘法をこの国に初めてこれを弘む。日蓮豈にその人に非ずや。(富木入道御返事。『昭和定本』五一六頁)
の両書ごときはそれである。我が身それ自身の信念、すなわち実行と本尊とが結びついてしまうようになったならば、我が身のほかに本尊はないことになる。この場合には、我が身の全体が本尊の全体である。このような意味において左記のご遺文「阿仏房御書」がある。
末法に入って、法華経を持つ男女のすがたより外には宝塔無きなり。若し然れば貴賤上下をえらばず、南無妙法蓮華経ととなうるものは、我が身宝塔にして、我が身又多宝如来也。妙法蓮華経より外に宝塔無きなり。(中略)然れば阿仏房さながら宝塔、宝塔さながら阿仏房、此より外の才覚無益なり。聞・信・戒・定・進・捨・慚の七宝を以てかざりたる宝塔也。（『昭和定本』一一四四〜一一四五頁）

この御文は我々の信仰が本尊と一致したときのことである。この文にある「聞信戒定進捨慚の七宝を以てかざりたる宝塔也」の意味を能く味わわなければならない。今の増上慢の日蓮聖人讃仰者は、「御題目さえ唱えれば、そのまま直ちに宝塔」などと言うが、ここにいう聞信戒定等の七宝は実行を言ったのであって、実行の伴わない口先ばかりの信仰では駄目である。実行の結果によって顕れた徳行が光を放って、本尊の実態と一致していくのでなければならない。この点は日蓮聖人讃仰者が大いに戒慎し、警戒していかねばならない。

一体、日蓮聖人信奉者の通弊はあまりに口舌の上に走って、実行がこれに伴わぬことである。理論よりも実行でなければならない。百論は一行に如かずである。

今日まで日蓮聖人信奉者が済世利物の上に充分な力を発揮し得なかったことは、

正（まさ）しくその実際面の活動に力が入っていなかった結果である。

これまでお話した日蓮聖人の三大秘法も、これを実行に移して自身の所有（もの）とならなければ何にもならない。いくら日蓮聖人の教えを研究しても、他の宝を数えるのであっては、せっかくの骨折りも徒労に帰してしまう。

学解と実行

今まで私がお話したことは、日蓮聖人讃仰者・信奉者の学解（がくげ）に属すべき事柄で、学解は実行の前提となるべきものである。実行はその学解に導かれて発する本質である。ゆえにいかなる場合でもその本質である信仰の実際を忘却してはならない。

学解は信仰の意識を闡明（せんめい）にして、誤解が生じないようにする点では、必要なものであるけれども、その学解に囚（とら）われ、研究に没頭して実行に移らねば、その研究は要するに無意義である。

日蓮聖人の教えを実際の問題に移して実行し、いかなる問題に触れても、適当なる信解を得て、誤らないように進んでいかねばならない。そこに行くには淳善な信仰と不断の努力とが相まって進んでいくのであって、その境界は「言語道断、心行所滅」のところである。とうてい筆舌の及ぶところではない。実践躬行の結果、不言不語の間に体得されるべきものと信ずる。

今、祖訓の一、二を引いて、その意義を明らかにしておこう。十八円満鈔に、

> 総じて予が弟子等は我が如く正理を修行し給へ。智者学匠の身と為りても地獄に堕ちて何の詮かあるべきや。所詮時々念々に南無妙法蓮華経と唱ふべし。(『昭和定本』二二四四頁)

と。文中の「智者学匠の身と為りても地獄に堕ちて何の詮かあるべき」とは、実に身に沁みて覚えておかねばならぬことである。徒らに法門を談じ信仰を語っても、その実際において、信仰がこれに伴わなければ、成仏など思いもよらないことである。

蟬噪蛙鳴の徒の大いに誠心を要すべき点であろう。「所詮時々念々に南無妙法蓮華経と唱ふべし」とは、その実行を忘るべきではないことを教訓されたので、ただ口先ばかりの唱題ではない。口先ばかりの唱題は蟬噪蛙鳴となんら簡ぶところはない。真実の信仰はいかなる方面に対しても、流露する真情の発現でなければならない。ここに至らねば真の日蓮聖人の教えの体得者とは言えない。三三蔵祈雨鈔には、

> すりはむどく（須梨槃特）は三箇年に十四字を暗にせざりしかども、仏に成りぬ。提婆は六万蔵を暗にして無間に堕ちぬ。是れ偏へに末代の今の世を表する也。敢て人の上と思食すべからず。（『昭和定本』一〇七一頁）

と。すりはむどくとは、須梨槃特尊者のことで釈尊のお弟子のなかで、一番愚鈍と言われた人である。「守口摂意身莫犯如是行者得度世」の十四文字の偈を暗誦するのに三年もかかったというような鈍な人であったけれども、仏を信ずる念が強く、その身口意三業を正しく持していたがゆえに、法華経の会座においては普明如来の

記別を受けた。法華経で周陀沙迦陀というのは槃特尊者のことである。

提婆達多は釈尊の従兄弟であり、聡明な質で六万法蔵を暗じた人であったが、仏と名声を争って、阿闍世王を誑かして殺父殺母の二逆罪を犯し、自身は仏弟子を殺し、仏身より血を出し、和合僧を破って具さに五逆罪を犯して堕獄した。いかに聡明にして経典の奥義に通ずればとて、道に背き理に違うならば悪道に堕ちねばならない。要は道に叶うか否かが問題である。道に外れているならば、百千の弁口はついに無益である。

御文に「是れ偏に末代の今の世を表する也。敢て人の上と思し食すべからず」と御誡めなされたことは、末代の我ら、ややともすると上慢を生じて、正道を逸するの嫌いあれば、大いに注意せよと誡められたので、提婆の堕獄は人の身の上のことではない。我が身のこととして反省するところであらねばならない。一念三千鈔に、百千合せたる薬も口にのまざれば病癒ず。蔵に宝を持ども開く事を知らずしてかつへ、懐に薬を持ても飲まん事をしらずして死するが如し。（一念三千法門。『昭和定本』二〇四〇頁）

と。いかに本仏世尊の大慈悲により擣簁和合された大良薬であっても、ただこれを床の間に飾っておいたのでは何の益にも立たない。これを飲んで始めて毒の病がみな癒えるので、仏の教えは我らが煩悩の熱を冷まし、苦悩を除く用があっても、我ら衆生がその教法に随順し実行しなければ、何の益も受けることはできない。要はその実行いかんに存するのである。

日蓮聖人の教義の真髄

蔵の中に宝物が充満していたとしても、その蔵を開くことをしなければ、ついにその宝物は益には立たないで、餓死するのほかはない。我らは仏性の法蔵を持てりといえども、その仏性発現の方法を実行しなければ、その仏性はなきに等しきものである。

我らはいかに仏性を発現すべきかに努力しなければならない。諸法実相抄に、

一閻浮提第一の御本尊信じさせ給へ。あひかまへて、あひかまへて、信心つよく候ふて三仏の守護をかうむらせ給ふべし。行学の二道をはげみ候ふべし。行学たへなば仏法はあるべからず。我もいたし人をも教化候へ。行学は信心よりをこるべく候。（『昭和定本』七二八～七二九頁）

と。この御文(ごもん)は学解と実行と並び行ぜねばならないことを御誡(おんいまし)めされたのである。学解なければ正しい信仰を得られぬが、信仰の実際が伴わなければ学解は何の益にもならぬことを仰せられた。

我らはこの御文を座右銘として常に信仰に入らねばならない。我らが実行の標準として「一閻浮提(いちえんぶだい)第一の御本尊を信じさせ給え」と仰せられた。我らは本化の菩薩

の指導により本仏の大慈大悲に感孚（かんぷ）し、これに乗托（じょうたく）して、その信仰を永久に持続し、本仏の教法に随順して、これを体得することに努めねばならない。これが日蓮聖人の教義の真髄であり、結帰するところである。

編訳者

河村孝照（日斌）

一九二四年（大正一三）生。東洋大学教授を経て、現、日本伝統文化研究所所長。顕本法華宗総本山妙満寺加歴三〇六世貫首。文学博士。

現代語訳

日蓮聖人の宗旨

平成二九年五月二〇日　初版第一刷発行

編訳者　河村孝照

発行者　佐藤今朝夫

発行所　株式会社　国書刊行会

〒一七四―〇〇五六

東京都板橋区志村一―一三―一五

TEL　〇三（五九七〇）七四二一

FAX　〇三（五九七〇）七四二七

http://www.kokusho.co.jp

印刷所　株式会社エーヴィスシステムズ

製本所　株式会社村上製本所

落丁本・乱丁本はお取替え致します。

ISBN 978-4-336-06137-9